本教材编审委员会名单

主　任：沈元勤

委　员：(按拼音排序)

池雪莲　范斯远　范同顺　韩　砥　何　静　黄　河

李　宣　刘昌明　刘　玲　罗忠科　邱海霞　沈瑞珠

孙爱东　孙景芝　孙志杰　王建玉　王林根　吴伯英

吴建宁　谢忠钧　于　沙　张仁武　张旭辉　郑发泰

郑建文

U0342891

出 版 说 明

为深入贯彻落实《中共中央、国务院关于进一步加强人才工作的决定》精神，2004年10月，教育部、建设部联合印发了《关于实施职业院校建设行业技能型紧缺人才培养培训工程的通知》，确定在建筑（市政）施工、建筑装饰、建筑设备和建筑智能化四个专业领域实施中等职业学校技能型紧缺人才培养培训工程，全国有94所中等职业学校、702个主要合作企业被列为示范性培养培训基地，通过构建校企合作培养培训人才的机制，优化教学与实训过程，探索新的办学模式。这项培养培训工程的实施，充分体现了教育部、建设部大力推进职业教育改革和发展的办学理念，有利于职业学校从建设行业人才市场的实际需要出发，以素质为基础，以能力为本位，以就业为导向，加快培养建设行业一线迫切需要的技能型人才。

为配合技能型紧缺人才培养培训工程的实施，满足教学急需，中国建筑工业出版社在跟踪"中等职业教育建设行业技能型紧缺人才培养培训指导方案"（以下简称"方案"）的编审过程中，广泛征求有关专家对配套教材建设的意见，并与方案起草人以及建设部中等职业学校专业指导委员会共同组织编写了中等职业教育建筑（市政）施工、建筑装饰、建筑设备、建筑智能化四个专业的技能型紧缺人才培养培训系列教材。

在组织编写过程中我们始终坚持优质、适用的原则。首先强调编审人员的工程背景，在组织编审力量时不仅要求学校的编写人员要有工程经历，而且为每本教材选定的两位审稿专家中有一位来自企业，从而使得教材内容更为符合职业教育的要求。编写内容是按照"方案"要求，弱化理论阐述，重点介绍工程一线所需要的知识和技能，内容精炼，符合建筑行业标准及职业技能的要求。同时采用项目教学法的编写形式，强化实训内容，以提高学生的技能水平。

我们希望这四个专业的系列教材对有关院校实施技能型紧缺人才的培养培训具有一定的指导作用。同时，也希望各校在使用本套教材的过程中，有何意见及建议及时反馈给我们，联系方式：中国建筑工业出版社教材中心（E-mail：jiaocai@cabp.com.cn）。

中国建筑工业出版社
2006 年 6 月

前　　言

本教材是根据"中等职业学校建设行业技能型紧缺人才培养培训指导方案"编写的。

本教材内容按照教学大纲安排，符合学科体系要求。对专业培养方案中已独立设课的内容，如楼宇智能化工程技术专业概述、安防系统施工、安防联动系统施工、消防联动系统施工等，本教材从略。

本教材共分六单元，包括：物业管理概述，物业管理机构，中国物业的分类管理，物业的专项管理，物业管理实务，智能系统在物业管理中的应用。本教材在编写中，结合专业特点和相关知识要求，全面贯彻素质教育思想，突出对学生知识、技能和态度的培养，以社会主义市场经济理论为指导，将物业管理理论与物业管理企业实际融通；力求语言精炼、通俗易懂，图文确切、配合恰当，资料翔实、完整，例证具体、生动，适合中专学生阅读。

本教材由罗忠科（攀枝花市建筑工程学校高级讲师）担任主编，陈淑娟（新疆建设职业技术学院副教授）担任副主编。单元1～3由陈淑娟编写，单元4、6由罗忠科编写，单元5由张春颖（攀枝花市春辉物业公司）编写。主编对各章进行了适当修改。

本教材在编写过程中，参阅了有关论著、教材和资料，在此，向原作者深表谢意；同时，本教材由张旭辉（攀枝花学院副教授）、何静（攀枝花市凤凰物业管理有限公司高级经济师）主审，主审对书稿提出了许多宝贵意见，在此一并致谢。

由于编者水平有限，书中难免有疏漏之处，敬请读者给予批评指正。

目　　录

单元 1 物业管理概述

知 识 点：学习本单元应掌握物业与物业管理的基本概念，掌握物业管理的基本环节和内容，熟悉物业管理的作用，了解物业管理从业人员的基本要求和职业道德。

教学目标：本章作为学习物业管理的入门知识，应使同学们掌握物业与物业管理的基本概念，明确物业管理的内容和基本环节，全面理解物业管理在建设和谐社区中所起到的作用。

课题 1 物业与物业管理的概念

1.1 物业的概念

1.1.1 物业的概念

物业是单元性房地产的称谓，是指已建成并投入使用的各类建筑物、附属设施与设备、场地。

(1) 各类建筑物是指整个住宅区、单位的房屋、办公楼宇、商业大厦、工业厂房和仓库等。

(2) 附属设施与设备是指建筑物内外各类设施和设备，如市政设施、文化娱乐设施等。

(3) 场地指建筑内外相邻的场地、庭院、绿地和道路等。

1.1.2 物业的含义

"物业"一词译自英语 property 或 estate，由香港传入沿海、内地，其含义为"财产、资产、拥有物、房地产"等，这是一个广义的范畴。"物业"一词在国外，特别是在东南亚地区是作为房地产的别称或同义词而使用的，从物业管理的角度来说，物业是指已建成投入使用的各类建筑物及其相关的设备、设施和场地。而各类建筑物可以是一个建筑群，如住宅小区、工业小区；也可以是一个单体建筑，如一幢高层或多层住宅楼、写字楼、商业大厦、宾馆、停车场等；同时，物业也是单元房地产的称谓，如一个住宅单元。同一宗物业，往往分属一个或多个产权所有者。相关的设备、设施和场地是指与上述建筑物相配套或为建筑物的使用者服务的室内外各类设备、公共市政设施和与之相邻的场地、庭院、绿地、道路等。

物业可小可大，一个单元住宅可以是物业，一座大厦也可以作为一个物业；物业有大小之别，它可以根据区域空间作相对分割，整个住宅小区中的某住宅单位可作为一物业，办公楼宇、商业大厦、酒店、厂房、仓库也可被称为物业。

关于物业的内涵，国内各类著述的提法至少有几十种，概言之，主要包括以下要素：

(1) 已建成并具有使用功能的各类供居住和非居住的房屋；

（2）与这些房屋相配套的设备和市政、公用设施；

（3）房屋的建筑（包括内部的多项设施）和相邻的场地、庭院、停车场、小区内非主干交通道路。

由此而得：单体的建筑物、一座孤零零的不具备任何设施的楼宇，不能称之为完整意义上的物业。物业应是房产和地产的统一。这里的地产，系指与该房业配套的地业。

1.1.3 物业的分类

根据物业使用功能的不同，物业可分为四类，如表 1-1 所示：

物业分类   表 1-1

序号	分 类	说 明
1	居住物业	包含住宅小区、单体住宅楼、公寓、别墅、度假村等
2	商业物业	包含综合楼、写字楼、商业中心、酒店、娱乐场所等
3	工业物业	包含工业厂房、仓库等
4	其他物业	如车站、机场、医院、学校等

不同使用功能的物业，其物业管理有着不同的内容和要求。

1.1.4 物业的性质

世界上任何事物都有自己的属性，物业也不例外。明确物业的属性，对于我们了解物业和物业管理的本质，掌握物业管理运行规律，搞好物业管理有着十分积极的意义。

（1）物业的自然属性（物理性质）

物业的自然属性又称物业的物理性质，是指与物业的物质实体或物理形态相联系的性质，它是物业社会属性的物质内容和物质基础。物业的自然属性主要表现为：

1）物业的二元性　物业的物质实体表现为具有特定用途和明确属性的建筑物。而无论何种建筑物，其基础总是建立在土地之上，从而成为土地的附属物，土地的功能则借助于建筑物得以充分发挥。因此，在经济发达的社会，物业多为土地与建筑物的统一体，兼有土地与建筑物两方面的物质内容。当然，对于不同的物业，其二元组成的比重有所不同，例如，从总体而言，物业的建筑面积与土地面积的比值在城市就高于乡村，在经济、文化和商业中心就高于重工业基地。物业的二元性，是其他任何商品都不具备的，它决定了物业必然兼有土地与建筑物二者特有的各种性质。

2）物业的有限性　物业的有限性，从根本上来讲，是由土地的有限性决定的。天然的土地有限，用作兴建建筑物的优良建筑地段更有限。人类只能在有限的土地上开发建设。由于现代建筑物技术要求高、耗资量大，因此物业的数量还受制于技术水平和社会经济力量。

3）物业的差异性和多样性　物业的差异性主要是就土地而言的。由于土地数量有限，随着人口的增加和经济的发展，人类就必须开发利用劣质土地。土地的优劣，在农村主要取决于土地的天然尺度和其他自然条件；而在城市主要取决于地段的区位及其技术条件。物业的多样性主要是就建筑物而言的。由于建筑物的功能、位置、自然环境、技术经济条件的不同，形成了物业形式的多样性。每一建筑物都是单件产品，它们在类别、品种、规格、结构、式样、外观以及年代等方面，都存在着某种不同之处。

4）物业的固定性　物业的固定性主要是指物业空间位置上的不可移动性。人们无法将某一物业从偏远区位移动到商业中心，即使人们将地上建筑物与土地相分离，也只是改变物业用途，不能移动法律意义或实质上的物业位置。

5）物业的永久性和长期性　物业的永久性是就土地而言的。土地是永存的，具有不可毁灭性，而建筑物则可能灭失或逐渐损耗，直到丧失其物理寿命。物业的长期性主要是就建筑物而言的。建筑物一经建筑完成，在正常情况下，其物理寿命可达到数十年甚至几百年，可供人们长期使用。所以，物业既可以一次性出售，也可以通过出租的方式零星出售；其价值可以一次收回，也可以在较长时期中多次收回。

6）物业的配套性　物业的配套性是指物业以其各种配套设施，满足人们各种需要的特性。没有配套设施的物业不能满足人们的各种需要；人们的各种需求从客观上决定了物业的配套性。物业配套越齐全，其功能发挥就越充分。

（2）物业的社会属性（经济性质）

物业的社会属性可以从两个方面来研究：作为一种商品，物业具有经济属性；从这一商品的生产关系和财产关系的调整及归属来看，物业又具有法律属性，即物业权属问题。

1）物业的经济属性　物业的经济属性表现为四个方面，即单一商品属性，供应上的短缺性，保值、增值性，宏观政策上的调控性。

2）物业的法律属性　物业的法律属性集中反映在物权的关系上。房地产物权，在我国是指物权人在法律规定的范围内享有房屋的所有权及其占有土地的使用权。

与购置其他商品不同的是，购入物业就意味着购入一宗不动产之所有权（物权），而且，物业的所有权不仅是一项单项权利，而且是一个权利束，拥有多项权能，如租售、抵押，形成一个完整的、抽象的权利体系。在这一权利体系中，各种权利可以以不同形式组合，也可以相互分离，单独行使、享有。显然，房地产物权比其他商品财产权的结构更为复杂。

1.2　物 业 管 理

1.2.1　物业管理的概念

国务院于2003年9月1日施行的《物业管理条例》中所称，物业管理是指业主通过选聘物业管理企业，由业主和物业管理企业按照物业管理服务合同约定，对房屋及配套的设施和相关场地进行维修、养护、管理，维护相关区域内的环境卫生和秩序的活动。

1.2.2　物业管理的含义

物业管理的这一定义，有着丰富的内涵：

（1）从事物业管理活动的企业应当具有独立的法人资格。

（2）物业管理企业必须按照物业管理服务合同的约定，依法实施物业管理和服务。

（3）物业管理的对象是物业，物业服务的对象是人，因此，物业管理是一种有偿的劳动。

（4）物业管理是一种社会化、专业化和市场化的管理活动，实质上是一种综合的经营性管理服务，融管理、服务、经营于一体，在服务中完善经营与管理，在管理与经营中为人民服务，三者相互联系、相互促进，其最终目的是实现社会效益、经济效益和环境效益的统一和同步增长。

（5）物业管理的法律关系是一种具体的关系，是指物业管理关系中的当事人在物业管理活动中所形成的具体的权利和义务关系。其"权利"，是指物业管理关系中，当事人享有实现某种行为的可能性；其"义务"，是指物业管理关系中，当事人所负有的职责。这种权利和义务关系是依法形成的，是法律调整物业管理关系的结果。

1.2.3 物业管理的特点

物业管理是一种新型的管理模式，它具有社会化、专业化、企业化、经营型等特点。

（1）社会化

物业管理的社会化是指物业管理将分散的社会工作集中起来统一管理。除了房屋及机电设备的维修养护外，其他诸如水电管理、清洁、保安、绿化、家政服务等直接关系到人们日常生活的工作，也都由物业管理公司承担。每位业主只需面对一家物业管理公司，就能将所有关于房屋和居住（工作）环境的日常事宜安排好，不必分别面对各个不同部门，有人将物业管理公司比喻成业主的"总管家"。而物业管理公司对政府来说则像一个"总代理"，业主只需根据收费标准按时缴纳管理费和服务费，就可以获得相关服务。这既方便了业主，也便于统一管理，是充分提高整个城市管理社会化程度的重要措施。因此，推行物业管理有利于发挥物业的整体功能，实现经济效益、社会效益、环境效益的统一。

（2）专业化

专业化有三层涵义：一是有专门的组织机构；二是有专业人才，如房屋及设施设备的维修，必须配备专业人才；三是有专门的管理工具和设备。物业管理将有关物业的各项专业管理都纳入物业管理公司的业务范围之内，物业管理公司可以通过设置专门的职能部门来从事相应的管理业务。随着生产力的不断进步，社会分工日趋细化和专业化，物业管理公司也可以将一些专业管理委托给相应的专业经营服务公司，例如，机电设备维修承包给专业设备维修企业；园林绿化可以承包给专业绿化公司；环境卫生也可以承包给专业清洁公司。这些专门组织的成立，表明物业管理已从分散型管理转向了专业化管理。这种转向有利于提高城市管理的专业化和社会化程度，并能进一步促进城市管理向现代化管理方式的转换。

（3）企业化

物业管理是一种企业化的经营管理行为。物业管理公司是企业单位，不是事业单位，也不是行政机关的分支机构。物业管理公司作为一个独立的法人，应按照《中华人民共和国公司法》的规定运行，不受任何行政干扰。因此，物业管理公司必须依照物业管理市场的运行规则参与市场竞争，依靠自己的经营能力和优质服务在物业管理市场上争取自己的生存空间，用经营业绩去争取更多的客户。当然，物业管理公司在运作过程中还要处理好与公安、市政、社区、交通等行政或事业性单位的关系，以提供优质服务为目的，塑造良好的服务氛围，为业主创造一个方便、整洁、安全、清静的居住和工作环境。

（4）经营型

物业管理公司所提供的服务是有偿的，即通过收取合理的费用，维持企业的正常运转。物业管理的经营目标是保本微利，量入为出，不以高额利润为目的。在当前物业管理服务收费受到诸多限制的情况下，物业管理企业应通过规模经营、多种经营等措施走上良性发展的轨道。这样，不仅可以获得稳定的资金来源，还能为业主提供全方位、多层次的服务。

1.3 物业管理与传统房屋管理的区别

物业管理的产生是对传统房地产管理体制的一种革新，是我国房地产业发展和房屋商品化的一种结果。物业管理与传统房地产管理在许多方面都产生了明显的区别，如表1-2所示。

物业管理与传统房屋管理的区别对照表 表1-2

项目 \ 方式	物 业 管 理	传统房屋管理
管理单位性质	企业单位	事业单位
物业产权	个人产权（产权多元化）	国家财产（产权单一）
管理手段	经济、法律手段	行政手段
管理任务	维修养护、综合服务	维修养护
管理经费	自筹、收取物业管理费和多种经营	低租金和大量的财政补贴
服务性质	有偿服务	无偿服务
双方关系	代表业主管理、业主或租户主导型	代表国家管理、房管部门主导型
管理理念	为业主或租户服务	管理租用户
管理方式	社会化、专业化的统一管理	分散的部门管理
经济模式	市场经济模式	计划经济模式

课题2 物业管理的基本环节和内容

2.1 物业管理的基本环节

物业管理是一个复杂的、完整的系统工程。它的基本环节有物业管理的早期介入，物业管理企业内部机构的设置，物业管理人员的选聘和培训，物业管理规章制度的制定，物业的验收与接管，物业档案资料的建立和物业管理的日常运作。

2.1.1 物业管理的早期介入

所谓物业管理的早期介入，是指物业管理企业在接管验收以前的各个阶段（项目及决策、可行性研究、规划设计、施工建设等阶段）就参与介入，从物业管理运作的角度对物业的环境布局、功能规划、楼宇设计、材料选用、设备选型、配套设施、管线布置、房屋租赁经营、施工质量、竣工验收等多方面提供有益的建设性意见，把好规划设计关、建设配套关、工程质量关和使用功能关，以确保物业的设计和建造质量，为物业投入使用后的物业管理创造条件，这是避免日后物业管理混乱的前提与基础。

早期介入并不是整个物业管理企业的介入，而只要物业管理企业的主要负责人和主要技术人员参与即可，或者邀请社会上物业管理专家参加，倾听他们的意见。

2.1.2 物业管理企业内部机构的设置

物业管理企业机构一般有两种形式。一是既有管理层，又有作业层的物业管理企业，管理层由具有经营决策与组织能力的人员组成，作业层由与服务内容相关的操作人员组成。二是只有管理层而无作业层的物业管理企业。这类企业不带工人队伍，而是通过合同形式与社会上的各类专业服务公司合作，需要时，以合同方式招之即来。

在物业正式接管前，只要组织成立管理层；临近物业正式接管时，则要考虑安排作业层人员到位。

企业内部机构及岗位要依据所管物业的规模和特点灵活设置。其设置原则就是使企业的人力、物力、财力资源得到优化高效的配置，建立一个以最少人力资源达到最高运营管理效率的组织。

2.1.3　物业管理人员的选聘和培训

物业管理是一项平凡、琐碎而又非常辛苦的服务性工作，从事物业管理的人员需要有高尚的敬业精神。另外，物业管理所涉及的各岗位工种人员应达到一定的水平并对其上岗资格进行确认，这也是物业管理专业化和现代化的要求。选聘的人员一般需要两种类型：管理类型和工程技术类型。上岗前应由富有经验的最高专业人员进行培训，基本内容包括：专业管理概念，紧急应变的处置，业主及用户投诉的处理，对工程技术专业人员还要详细讲解有关专业知识。培训重点是各部门负责人及骨干；培训目的以胜任所负担的工作为主。须特别注意的是：电梯、锅炉、配电等特殊工种应取得政府主管部门的职业资格证书方可上岗。

2.1.4　物业管理规章制度的制订

规章制度是物业管理顺利运行的保证。规章制度的制定应依据国家和政府有关部门的法律、法令、文件和示范文本，结合本物业的实际情况，制定一些必要的、适用的制度和管理细则。这是物业管理规范化、法制化的重要前提，也是实施和规范物业管理行为的必要措施和保证。

首先，在业主委员会成立之前，根据物业特点和外部环境，根据政府的有关规定，有针对性地编写业主公约。其次，制定管理文件，如各项守则，管理规定，各级员工岗位职责及工作程序，建立正常高效的企业运作的内、外部管理制度，并在实践中逐步补充、修改和完善。

2.1.5　物业的验收与接管

物业的接管验收标志着物业管理的正式启动。从物业的接管验收开始到业主委员会正式成立，包括物业的验收、用户入住、产权备案和档案资料的建立、首次业主大会的召开和业主委员会的正式成立四个环节。

物业的接管验收包括新建物业的接管验收和原有物业的接管验收。新建物业的接管验收是在政府有关部门和开发建设单位对施工单位竣工验收的基础上进行的再验收。接管验收一旦完成，即由开发商或建设单位向物业管理企业办理物业的交接手续，标志着物业正式进入使用阶段，物业管理就应全面启动。原有物业的接管验收通常发生在产权人将原有物业委托给物业管理企业管理之际，或发生在原有物业改聘物业管理企业，在新老物业管理企业之间。在这两种情况下，原有物业接管验收的完成也都标志着新的物业管理工作的全面开始。

物业的接管验收是直接关系到物业管理工作能否正常顺利开展的重要一环。在接管验收的过程中，物业管理企业要充分发挥自己的作用，对验收中发现的问题应准确记录在案，明确管理、维修责任，并注意审查接收的图纸资料档案。

2.1.6　物业的档案资料的建立

物业档案资料是对前期建设开发成果的记录，是以后实施物业管理时工程维修、配套、改造必不可少的依据，是更换物业管理企业移交的内容之一。物业档案资料包括业主或租用户的产权备案资料以及物业建设过程中的工程技术资料。

物业的档案资料的建立主要抓住收集、整理、归档、利用等四个环节，要尽可能完善地归集从规划设计到工程竣工、从地下到楼顶、从主体到配套、从建筑物到环境的全部工程技术维修资料，尤其是隐蔽工程的技术资料。经整理后按照资料本身的内在规律和联系进行科学合理的分类与归档。可按建筑物分类，如设计图、施工图、竣工图、设备图等，也可按系统项目分类，如配电系统、给水排水系统、消防系统、空调系统等。

2.1.7 物业管理的日常运作

物业管理的日常运作是物业管理最主要的工作内容，包括日常的综合服务与管理、系统的协调两个环节。日常的综合服务与管理是指用户入住后，物业管理企业在实施物业管理中所做的各项工作。这是物业管理企业最经常、最持久、最基本的工作内容，也是物业管理水平高低的集中体现，涉及的方面很多，例如，房屋维修管理、房屋设备管理、环境卫生管理、绿化管理、治安管理、消防管理、车辆管理以及各项服务工作等等；系统的协调是物业管理企业协调特定的、复杂的系统内外部环境条件，为物业管理工作建立良好的基础与保障。

2.2 物业管理的目标

物业管理的目标如表 1-3 所示。

物业管理的目标   表 1-3

序号	管理目标	说　　　明
1	以服务为宗旨	在物业管理的全过程中为物业所有人和使用人提供高效周到的服务
2	以经营为手段	在物业管理的全过程中有偿地为物业所有人和使用人提供劳务服务
3	以效益为目的	在物业管理的全过程中以社会效益、经济效益和环境效益为最终目标

2.3 物业管理的内容

物业管理的主要内容如表 1-4 所示。

物业管理的主要内容   表 1-4

序号	内容	具体内涵
1	物业的接管验收	(1)在办理物业承接验收手续时,物业管理企业应当对物业共用部位、共用设施设备进行查验,并登记造册; (2)建设单位应向物业管理企业移交有关物业资料; (3)物业管理企业对所有物业资料应妥善保管,在物业管理服务终止时,应将全部物业资料移交给业主委员会
2	物业管理方案和制度的制定	(1)建立物业管理企业的相关管理部门,确定人员编制; (2)在物业管理早期介入中对物业的规划设计方案、施工质量等提出合理建议; (3)根据委托服务合同制定物业管理方案; (4)制定各项物业管理制度; (5)制定物业再开发利用方案; (6)制定物业管理费用收支计划,并控制预算; (7)制定房屋租赁方案,提供房屋租赁服务

序号	内 容	具 体 内 涵
3	客户管理服务	(1)提供业主或使用人入住服务； (2)有计划地与客户进行有效沟通； (3)接待客户日常来电、来信、来访,处理客户投诉； (4)拟写物业管理的常用文书； (5)建立与管理物业管理档案； (6)测算并收取物业管理费用； (7)对专项维修资金的使用进行管理； (8)在管区内组织和管理各种有益的文体娱乐活动
4	房屋建筑及附属设备设施的维修养护服务	(1)向业主和使用人说明房屋建筑及附属设备设施的功能和使用注意事项,进行房屋及附属设备设施的安全管理； (2)制定房屋及附属设备设施的维修养护计划； (3)对房屋进行日常养护和维修； (4)管理监督业主或使用人的室内装饰装修工程； (5)对房屋附属设备设施进行日常养护和维修； (6)运用智能化物业管理系统进行管理； (7)对特种设备的委托维修养护工作进行管理； (8)编制房屋维修预算方案和设备设施的维修、更新预算方案
5	安全服务	(1)制定物业管理区域内安全防范设施的设置方案,正确设置消防器材； (2)提供物业管理区域内的安全保卫服务； (3)进行消防安全管理； (4)对进入物业管理区域内车辆的行使和停放进行管理； (5)预防及时处理物业管理区域内的各类突发事件
6	环境保洁与绿化美化管理	(1)对物业管理区域内的环境污染进行防治。 (2)对物业管理区域内的房屋共用部位、共用设施设备和公共场地提供卫生保洁服务； (3)对物业管理区域内的环境进行绿化美化
7	综合经营服务	(1)开展多种便民经营服务项目； (2)为业主或使用人自用物业单元内部提供特约性物业管理服务

2.4 物业管理从业人员素质要求与职业道德

2.4.1 物业管理人员的素质要求

（1）物业管理从业人员应该是具有社会主义觉悟、具有高尚道德的人

物业管理涉及千家万户,接触的人量大面广,遇到的事五花八门,管理的物业及其配套设备价值很高,不具有社会主义觉悟和高尚道德的人难以从事这项工作。具体要求有：

1）具有社会主义觉悟,首先要有主人翁思想,把所管理的物业当成人民的财产,认真负责地对待每一项工作,事业心强；

2）树立全心全意为人民服务的思想,时刻想到物业管理工作搞的好坏,直接关系到业主和使用人能否有一个安全、舒适、宁静、优美的生活、工作、学习环境；

3）具有一定的政治理论修养,具有较强的法制观念,在遇到较为复杂的情况时,能够依照政策和法律、法规,热情、沉着、耐心、细微地做好工作,解决问题；

4）作风正派,忠诚可靠,办事公道,不谋私利,在工作上勤奋主动,实事求是；

5）思想上要有上进心,敢于改革,勇于创新,具有一定超前思想、超前意识,能够走在时代的前面。

（2）物业管理人员必须具有专业知识和专业技能

物业管理在我国仍属新兴产业，不仅涉及面广，而且专业性很强，所以需要多方面的专业人才，没有一定专业知识和专业技能是无法从事物业管理工作的。

1）物业管理人员必须具有现代管理知识；

2）物业管理人员必须具有物业管理的专业知识和技能；

3）物业管理人员必须能够掌握现代化管理手段。

（3）物业管理人员应具有较高的个人素质

物业管理人员不仅要有较高的社会主义觉悟、高尚的道德品质、较高的业务能力和专业技能，而且还必须具有良好的个人素质。

1）要有良好的语言表达能力；

2）要以端庄的仪容仪表，树立良好的个人形象；

3）要有宽阔的胸怀，良好的心理素质；

4）要有健康的体魄。

2.4.2 物业管理从业人员的职业道德

（1）忠于职守，尽职尽责

忠于职守，尽职尽责，要求物业管理人员要有强烈的事业心和职业责任感，不擅权越位，不掺杂私心杂念，不渎职，真正为业主和使用人创造"安全、舒适、宁静、方便"的工作、生活、学习环境。

（2）兢兢业业，热情服务

兢兢业业，热情服务，要求物业管理人员在工作中一方面要谨慎、勤恳，认真负责，埋头苦干，任劳任怨；另一方面，由于物业管理对象的多样性，要求物业管理人员具有很好的心理素质和适应能力，不能把个人的情绪带到工作中。

（3）积极主动，讲求实效

物业管理的内容多、范围广、任务急、情况复杂，要把各方面的工作做好，要做到人找工作，不要让工作找人。干工作时，要讲求时效，牢记时间就是金钱的道理，凡是用户需要做的事，都是重要的事，要分秒必争，尽快干好，决不能拖拖拉拉、互相推诿。

（4）实事求是，办事公道

物业管理必须坚持实事求是的工作作风，一切从实际情况出发，客观正确地对待和处理问题，各项工作要求准确无误。要根据企业现有的条件，实事求是地解决业主和使用人提出的问题。

（5）遵守纪律，奉公守法

遵守纪律就是要求物业管理人员能够按照企业的规章制度，按时出勤，上班时不做与本职工作无关的事，坚守岗位，集中精力把工作做好。奉公守法就是要求物业管理人员坚持原则，不利用职务之便牟取私利，不搞权钱交易。要以国家利益、企业利益和群众利益为重，自觉奉献，以自己的行动来抑制不正之风。

（6）谦虚谨慎，文明礼貌

谦虚谨慎，文明礼貌，要求物业管理人员一方面能够虚心，不自满，特别是在自己取得一定成绩时，不可自命不凡，盛气凌人。只有始终保持谦虚谨慎，以平等的态度与他人共处，虚心听取他人意见，才能与同事搞好合作，有利于各项工作的开展。另一方面还要做到文明礼貌，这是物业管理人员待人接物时的行为准则。与别人谈话时要耐心，态度热情，尊重他人意见，不把自己的意志强加给别人。

（7）刻苦学习，提高素质

我们所处的时代日新月异，新生事物不断涌现，特别是物业管理中出现的问题日趋复杂，这就要求物业管理人员不断提高自身素质，才能适应工作的需要。要提高自己的素质就必须学习。学习政治，学习文化知识，提高自己的修养；学习现代科学技术，开阔视野，不断接受新事物，研究新问题。

（8）钻研业务，掌握技能

随着物业管理内容的增多，范围的扩大，要求物业管理人员必须钻研业务，不仅要掌握原有业务知识，还要学习现代化的管理知识、业务技能，了解和掌握建筑业和物业管理中的新知识、新工艺、新成果，结合我国实际情况，运用到物业管理工作中。每个管理人员不仅要会管理，还要掌握物业管理工作各项技能，掌握一些能大大提高工作效率的技术，如计算机技术、现代办公设备的使用技术等。

课题 3　物业管理的原则和作用

3.1　物业管理的类型

我国物业管理按照受委托业务划分，可以划分为委托服务型和租赁经营型两种。

3.1.1　委托服务型物业管理

委托服务型物业管理是指房地产开发商将建成的物业出售给用户，一次性收回投资并获取利润，然后委托物业管理公司对该物业进行管理，完善其售后服务。这里所指的"委托"分为两种情况：

（1）开发商自己组建物业管理公司对所出售的物业进行管理。这种类型的物业管理有以下特点：1）有利于完善售后服务。开发商将售后服务工作交由自己下属的物业管理公司，其物业管理公司对开发商委托的物业一般都比较熟悉，与开发商也比较容易沟通协调，因而也就容易得到开发商的支持。2）这类物业管理一般不存在经费难题，例如，有些开发项目，将投资总额的 1%～2% 作为管理基金，或让物业管理公司自行出租经营，免费提供或以成本价出售出租办公用房给物业管理公司等等。但是，此种类型的物业管理公司在人员、制度、设备等方面往往都不够专业化和规范化，许多开发商对物业管理也没有给予足够的重视。这也是这种类型的物业管理常常引起投诉的原因。

（2）开发商以招标的方式委托专业物业管理公司对已出售的物业进行管理。这是今后物业管理的发展方向。因为招投标本身就是一种市场竞争行为，只有通过竞争，才能促使物业管理公司注重服务质量，注重企业形象，从而促进物业管理行业的健康发展。随着物业管理市场的不断成熟，这种类型的物业管理公司将会得到进一步发展。

3.1.2　租赁经营型物业管理

租赁经营型物业管理是指房地产开发商建成房屋后并不出售，也不出租而是交由下属的物业管理公司进行经营管理，通过收取租金收回投资，并获取利润。这种物业管理公司对物业的管理不仅是日常的维修养护工作，更主要的是对所管物业的出租经营，为房地产开发商获取更加长远而稳定的利润。它的经营职责不只是将一层楼、一个单元简单地出租招商，还要根据市场需求的发展变化随时调整经营策略，并且不断地更新、改造与完善物业的使用条件，以提高物业的档次和适应性，获取更高的租金收入。此类物业管理企业多以经营商业大楼、综合大厦、写字楼为主。

委托服务型物业管理与租赁经营型物业管理存在较大的差别。从产权上看，前者只有管理权而没有产权，后者既拥有产权又拥有管理权；从管理上说，前者是物业的售后服务，是为了保持物业的正常使用，后者则需努力制造一个良好的物业使用环境，创造租赁条件，赢得租户并为之服务；就管理的物业对象而言，前者适合于各种楼宇，后者则主要是商业大厦、写字楼等；从服务对象分析，前者既有居民住户，又有职业人群，后者则主要以商业及职业人群为服务对象；从管理方式来看，前者注重的是管理与服务，后者更注重积极的、带有开拓性的经营。

3.2 物业管理的原则

结合我国物业管理的现状，物业管理应遵循以下几项原则：

3.2.1 产权、经营权分离原则

财产所有权与经营权分离，是社会主义市场经济的重要原则。业主是物业的主人，对物业享有所有权，许多业主组织起来成为业主委员会。物业的产权是物业管理权的基础，业主或业主委员会是物业管理权的权利主体和核心。而物业管理公司可以受业主或业主委员会的委托对物业进行管理、维修和养护，即经营管理权在物业管理公司。

3.2.2 业主至上原则

强调业主至上，这是与旧体制下房屋管理的根本区别。在旧体制下，因为房屋一般都属于公有，用户是被动地接受管理。而在新的物业管理体制下，业主真正成了物业的主人，有权选聘物业管理企业，物业管理的各种服务费标准也要经过业主委员会同意、报物价部门批准后方能执行。业主委员会有权监督物业管理企业，物业管理企业要对业主或业主委员会负责，要保护业主根本利益，为业主和使用人提供优质的、全方位的服务。

3.2.3 统一管理原则

过去，由于物业产权的多元化，往往出现公共设施和公共场所无人管理的现象。在传统的管理体制下，像清洁卫生、环境绿化、房屋维修、道路车辆以及附属的设备设施分别属于不同的部门来管理，结果就造成职责不明、责任不清、相互扯皮、互相推诿，使管理效率极其低下，居民也怨声载道。实行物业管理以后，就可以将过去的各家多头管理，统一交给物业管理公司负责，只要是在物业区域里边的问题，业主和使用人一律找物业管理企业解决。这样，一方面方便了业主和使用人，另一方面提高了综合管理效益。

3.2.4 专业高效原则

物业管理是涉及面非常广泛、专业化程度也比较高的工作。物业管理企业进行统一管理，并不等于必须由物业管理企业自己来干。为了高效优质服务，减少开支，创造良好的社会效益和环境效益，物业管理企业可根据需要，通过签订合同的办法将一些专业性更强的项目，分包给其他具有实力的专业公司。如区域内绿化分包给园林绿化公司，房屋修缮分包给房屋维修公司等等。物业管理企业主要是进行组织、协调和管理，这完全符合社会主义市场经济进一步发展、社会分工越来越细的要求；也是物业管理企业开发服务项目、

对业主和使用人实行全方位服务、满足住用人需求的捷径。

3.2.5 权责分明原则

在物业管理区域内业主、业主大会、业主管理委员会、物业管理企业的权利与责任应当非常明确；物业管理企业内部各部门的权利与职责要明确。只有权责分清了，才能做到人人有事做。

3.3 物业管理的作用

对物业实施企业化、经营型管理，就是为了克服旧体制的弊端，最大限度地实现物业的社会效益、经济效益和环境效益的统一。具体来说，物业管理有以下几点作用：

3.3.1 能创造优美、安全、舒适、和谐的环境

从宏观的角度上讲，加强物业管理，普遍实行物业管理，能保持城市干净、整洁，营造一个优美的市容市貌，给人们留下一个良好的城市形象。从微观上讲，通过物业管理人员的精心维修、养护，为每一个用户和家庭创造出安全、舒适、优美的居住环境，为每一个工作人员提供一个安静、优雅的工作和学习环境，减少人们的烦恼、焦虑、矛盾及摩擦，从而提高人们的工作和学习效率。

3.3.2 方便居民的生活

随着社会的发展，城市的节奏在不断加快，居民的工作和生活的节奏也在加快，人们的工作压力越来越大，促使人们在休息日里要有更多的时间用于休闲、娱乐，所以就要求物业管理企业能够提供更多的方便周到的服务，以减轻居民的负担，节省他们的业余时间，缓解他们的紧张心理。物业管理企业可以根据业主和住户的需要，提供综合性的有偿服务，例如室内装修、搬家、医疗、美容美发、餐饮、看护老人儿童等等，大大方便了居民的生活。

3.3.3 能延长物业寿命，使物业保值增值

物业建成经过若干年以后，就会出现不同程度的损坏，例如，房屋墙皮脱落、屋顶漏雨、墙体裂缝、管道和线路破裂、道路出现坑洼不平等。在这种情况下，如果不及时维修养护，就会缩短物业正常的使用年限，甚至酿成事故，造成人身伤亡和财产损失。开展物业管理可以使物业得到及时的维修、养护，延长物业的使用寿命；从价值形态上来讲，可以使物业保值和增值，这一点已被发达国家和我国发达地区的房地产价值所证实。在香港、深圳等地，一些信誉高、物业管理好的开发企业所建造的房地产，不仅比其他同类房地产更容易出售或出租，而且价格也比其他同类房地产商低出10％～30％。随着房屋商品化和住房制度改革的深化，越来越多的人拥有了房屋的产权，因而也就更加关心其保值和增值的前景。

3.3.4 物业管理能克服"重建轻管"的思想

过去，我国建筑业"重建轻管"的思想相当严重，建房不为住户和维修者着想，建好房就完事大吉，所以偷工减料、粗制滥造等问题突出，给日后居住、管理造成麻烦。住宅投入使用后，不重视管理，很快便出现私搭乱建、垃圾随便堆放、房屋失养失修、设备残缺不全、道路绿化损坏等问题，使小区环境脏乱，面目全非，最终造成住宅区"一年新、二年旧、三年破、四年乱"的局面。而实行物业管理后，物业管理公司就可以在建房时前期介入，并组织接管验收，一方面严把质量关，另一方面可以方便日后维修养护。在投入

使用后，更注重管理，从而就改变了"重建轻管"的现象。

　　3.3.5　实行物业管理有利于吸引外资，促进对外开放

　　要想更好地引进外资，除了要给外商提供良好的经济政策，便利的交通、通信等"硬环境"外，还要有良好的工作和生活服务的"软环境"。我国传统的房屋管理方法和模式，在很多方面不适应新形势下外籍人士的商务活动和居住的需要。随着涉外经济的发展，越来越多的外商对投资中国大陆感兴趣。外商进入中国一般首先住酒店，一旦投资项目签订或业务有所拓展，就需要安居乐业了。外商一般都十分关心居住环境，并且当外商进入事业发展期后，就有为自己公司和员工购买业务和居住用房的需要。我国最初的物业管理正是为适应外商和外籍人员的这种需要而产生的，至今涉外房的管理仍是物业管理的重要组成部分。目前一些投资于中国房地产的外商也组建了独资的物业管理公司，来管理自己在中国的物业，并以此来吸引外商购买他们开发的房地产。由此可见，良好的物业管理是加快中国房地产同国际接轨、改善中国投资条件与投资环境的必要措施。

实 训 课 题

　　要求学生在学校图书馆和阅览室查阅关于物业管理基本知识的书籍，并在互联网上查询深圳市物业管理的现状，结合单元1的知识点，写一篇以"物业管理在我国构建和谐社区和全面建设小康社会中所发挥作用"为主题的短文。

思考题与习题

　　1. 解释名词：物业、物业管理、物业管理的早期介入、常规性的公共服务、针对性的专项服务、委托性的特约服务、委托服务型、租赁经营型。

　　2. 物业管理有什么特点？

　　3. 简述物业管理的原则。

　　4. 简述物业管理的基本内容。

　　5. 合格的物业管理人员应具备怎样的素质？

单元 2　物业管理机构

知 识 点：掌握物业管理企业设立程序和资质等级的标准条件，熟悉物业管理企业组织机构的各种形式，掌握业主、业主大会和业主委员会的概念，熟悉业主的权利和义务，掌握业主委员会的职责，了解物业管理企业与相关机构的关系。

教学目标：通过本章内容的学习，使学生们掌握物业管理企业和业主应有的权利和义务；掌握物业管理企业资质等级的标准和条件；能够熟知物业管理企业设立的程序；并能起草相应的文件；了解如何处理物业管理企业与各有关机构之间的关系。

课题 1　物业管理企业

物业管理企业是指按合法程序成立，具有独立的法人资格及相应的资质条件，专门从事永久性建筑物、附属设备及相关场地和周围环境的现代化科学管理的经济实体。

1.1　物业管理企业的设立

物业管理企业的设立分资质审批和工商注册。

1.1.1　物业管理企业申报程序

物业管理企业的设立首先从企业的资质审批开始。物业管理企业申报经营资质审批程序因各地相关规定的不同而有所差异，但基本申报程序大致如下：

（1）申请单位应按有关规定到当地县级以上人民政府的物业管理行政主管部门提出申请，提供所需的各项材料。

（2）物业管理行政主管部门收到申请评定资质等级的物业管理企业报告材料后，一般在两周内审核完毕。并对符合经营资质条件的新设立的物业管理企业，按照建设部的有关规定发给《临时资质证书》。《临时资质证书》有效期为一年。新设立的物业管理企业在第一年内可凭该证书，在工商管理机关办理注册登记手续后可以开始营业。有效期满后，物业管理企业须向物业管理行政主管部门申请三级资质的评定。未获通过的，物业管理行政主管部门应取消其从事物业管理业务的资格。

1.1.2　物业管理企业的注册登记

物业管理企业的注册登记办理执照手续与一般企业相同。按《公司法》规定，企业设立必须向工商行政管理部门进行登记注册。但事先应取得由资质审批部门发给相应等级的《资质证书》。企业注册登记时，还必须制定一份非常重要的文件，即企业章程。物业管理企业章程应载明下列事项：

（1）总则。主要包括企业的名称（全称）、地址等。

（2）企业的经营宗旨。突出物业管理为业主服务及契约关系。

（3）企业的经营范围。从管理、服务、多种经营三方面确定。

（4）企业的经济性质及组织形式。可以是国有、集体、私营，其组织形式可以是独资、有限责任公司、股份有限公司或合伙、合作制等。

（5）注册资金。多方设立的要明确各方投资比例、投资形式（实物还是现金），并在此基础上明确各方的权利、义务与责任。

（6）机构。指企业内部的组织机构。

（7）财务会计制度。如果是合资企业应将采用的货币注明。

（8）利润分配方式。

（9）职工录用方式、待遇、管理方法。

（10）企业的各种规章制度。

1.2 物业管理企业的资质等级标准

根据建设部颁布的《物业管理企业资质管理试行办法》，将物业管理企业分为一级、二级、三级资质等级和临时资质。其中，资质一级、资质二级、资质三级企业的标准如表2-1所示。

物业管理企业的资质等级标准　　　　　　　　　　　表 2-1

序号	资质等级	资 质 等 级 标 准
1	一级企业	（1）注册资本 500 万元以上； （2）具有中级以上职称的管理人员、工程技术人员不少于 30 人，企业经理取得建设部颁发的物业管理企业经理岗位证书，80％以上的部门经理、管理员取得从业人员岗位证书； （3）管理两种类型以上的物业； （4）管理各类物业的建筑面积分别占下列相应计算基数的百分比之和不低于 100％。计算基数是：①多层住宅 200 万 m²；②高层住宅 100 万 m²；③独立式住宅（别墅）15 万 m²；④办公楼宇、工业区及其他物业 50 万 m²； （5）20％以上的管理项目获得建设部授予的"全国城市物业管理优秀住宅小区（大厦、工业区）"称号，20％以上的管理项目获得省级城市物业管理优秀住宅小区（大厦、工业区）称号； （6）具有健全的企业管理制度和符合国家规定的财务管理制度； （7）建立了维修基金管理与使用制度
2	二级企业	（1）注册资本 300 万元以上； （2）具有中级以上职称的管理人员、工程技术人员不少于 20 人，企业经理取得建设部颁发的物业管理企业经理岗位证书，60％以上的部门经理、管理员取得从业人员岗位证书； （3）管理两种类型以上的物业； （4）管理各类物业的建筑面积分别占下列相应计算基数的百分比之和不低于 100％。计算基数是：①多层住宅 80 万 m²；②高层住宅 40 万 m²；③独立式住宅（别墅）6 万 m²；④办公楼宇、工业区及其他物业 20 万 m²； （5）10％以上的管理项目获得建设部授予的"全国城市物业管理优秀住宅小区（大厦、工业区）"称号，10％以上的管理项目获得省级城市物业管理优秀住宅小区（大厦、工业区）称号； （6）具有健全的企业管理制度和符合国家规定的财务管理制度； （7）建立了维修基金管理与使用制度
3	三级企业	（1）注册资本 50 万元以上； （2）具有中级以上职称的管理人员、工程技术人员不少于 8 人，经理取得建设部颁发的物业管理企业经理岗位证书，50％以上的部门经理、管理员取得从业人员岗位证书； （3）有委托的物业管理项目； （4）具有比较健全的企业管理制度和符合国家规定的财务管理制度； （5）建立了维修基金管理与使用制度。物业管理企业应当按照该办法规定申请企业资质等级评定

1.3 物业管理企业的权利与义务

1.3.1 物业管理企业的权利

(1) 根据有关法规、结合实际情况制定物业管理办法；

(2) 依照物业管理合同和管理办法对物业实施管理；

(3) 依照物业管理合同和有关规定收取管理费；

(4) 有权制止违反规章制度的行为；

(5) 有权要求业主委员会协助管理；

(6) 有权选聘专营公司承担专项管理业务；

(7) 可以实行多种经营，以其收益补充管理经费。

1.3.2 物业管理企业的义务

(1) 履行物业管理合同，依法经营；

(2) 接受业主委员会和业主及物业使用人的监督；

(3) 重大管理措施应提交业主委员会审议批准；

(4) 接受行政主管部门监督指导；

(5) 至少每 6 个月应向全体业主公布一次管理费用收支账目；

(6) 提供优良的生活工作环境，搞好社区文化；

(7) 发现违法行为要及时向有关行政管理机关报告；

(8) 物业管理合同终止时，必须向业主委员会移交全部房屋、物业管理档案、财务等资料和本物业的公共财产，包括管理费、公共收入积累形成的资产，同时，业主委员会有权指定专业审计机构对物业管理财务状况进行审计。

1.4 物业管理企业的组织机构

1.4.1 物业管理企业组织机构的形式

（1）直线式

直线式的企业组织机构是最简单的管理组织形式。其特点是企业各级领导者亲自执行全部管理职能。按垂直系统直接领导，不设专门职能机构（如图 2-1 所示）。其优点是：权责统一、行动效率高；缺点是：对领导者的要求比较高，要求领导得掌握各方面的企业知识，领导者须在广泛的业务范围内进行计划、实施、管理运作，负担重。这种形式适用于物业管理业务量较小的小型物业管理企业的初期管理，不能适应较大规模和较复杂的物业管理。

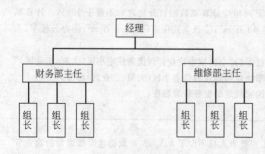

图 2-1 直线式物业管理组织机构形式

（2）直线职能式

这是在职能式和直线式的基础上，把垂直指挥职能与职能部门的专业管理职能结合起来，既保持直线的统一领导和指挥，又发挥职能部门职能作用的一种组织形式（如图 2-2 所示）。其优点是：既能发挥职能机构专业管理的作用，又便于领导统一指挥。缺点是：横向协调配合困难，容易产生脱节和矛盾；由于下级缺乏必要的自主权，有些问题各部门要向直线领导机构和人员请示报告后才能处理，影响工作效率；信息反馈速度慢，对环境的敏感度较差。它适合于中等规模的物业管理企业，是目前较多采用的组织形式。

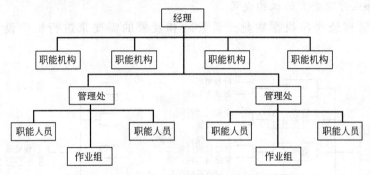

图 2-2　直线职能式物业管理组织机构形式

（3）事业部制

事业部制又称分权组织，或称部门化结构。这是按照"集中决策，分散经营"的原则，在总公司下设事业部，各事业部则在总公司制定的政策、目标、计划的指导和控制下根据物业经营管理的需要设置组织机构（如图 2-3 所示）。它的特点是把物业管理活动按

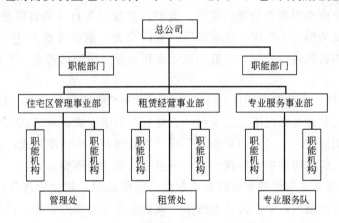

图 2-3　事业部制物业管理组织机构形式

内容和专业的不同，建立独立的事业部。每个事业部在总公司的领导下，实行独立核算、自主经营，都对公司负有完成利润计划的责任。同时，在经营管理上拥有相应的权利。是目前大型物业管理企业比较适合的一种组织形式。

（4）矩阵制

矩阵制组织又称为规划——目标结构组织。这是在传统的直线职能式纵向领导系统的基础上，又按照业务内容、任务或项目划分而建立横向领导系统，纵横交

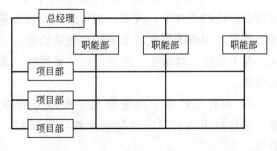

图 2-4　矩阵制物业管理组织机构形式

叉，构成矩阵的形式（如图 2-4 所示）。其特点是在同一组织中既设置纵向的职能部门，又建立横向的管理系统；参加项目的成员受双重领导，既受所属职能部门的领导，又受项目组的领导。矩阵制组织结构适用于规模较大、物业管理类型较多、综合经营较强、专业服务组较多的物业管理企业。

1.4.2 物业管理企业的机构设置

（1）物业管理公司应根据物业经营管理和发展的需要来进行机构设置，如图 2-5 所示。

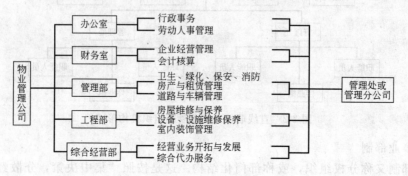

图 2-5 物业管理企业的机构设置

（2）物业管理组织机构设置的选择

物业管理企业应根据所管物业的范围、类型、数量以及自身的资源能力等实际情况，选择适宜的组织机构形式。所以，企业必须从实际出发，结合考虑上述主要机构的职能，对物业管理企业的机构进行设置。一般地说，选择企业组织结构形式，主要应考虑下列几个因素：

1）企业的规模、类型及其职能。一般来说，对于"管理型"的中小型物业管理公司，且业务与管理不太复杂的情况下，宜采用"直线制"组织形式；对于"实体型"的大中型物业管理公司，则适宜采用"直线职能式"或"事业部制"的组织形式；对于业务范围涉及多个国家或地区的跨国型物业管理企业，一般可采取"矩阵型"。

2）企业的经营方式与管理业务的复杂程度。一般地说，物业管理公司所接受的委托业务"社会化"程度越高，业务的种类越多，就更应加强管理的职能，提高市场的适应能力与决策能力，而不宜采用"直线制"形式。当企业面临的业务非常复杂时，可以采用"矩阵制"。

3）物业管理模式与服务对象特点。在实行业主自治管理与物业管理公司专业化管理相结合模式的条件下，或实行租赁经营型自主管理的模式时，业主或物业使用人往往对管理的质量、服务的层次与水平提出更高的要求，这就要求企业提高科学管理水平，提高责任心与主动性，增强企业的适用性与灵活性，采用"事业部"的管理体制可能会取得较好的效果。

4）拥有托管物业的规模大小与种类的多少。一般来说所管物业的规模、种类越多，往往技术与管理的复杂程度相应就越高，这时宜按区域范围、业务种类设置管理单位。

5）企业管理手段的先进性与管理人员的素质和能力。一般地说，管理手段越现代化，管理层次越少，管理机构越精简，对管理人员的素质与能力要求就越高，这也影响到有效管理幅度、机构设置与层次划分。

课题 2　业主委员会

2.1　业主和业主大会

2.1.1　业主

（1）业主

《物业管理条例》中明确指出：房屋的所有权人为业主。即物业的所有权人，是所拥有物业的主人。在物业管理中，业主是物业管理企业所提供物业管理服务的对象，业主又是物业管理市场的需求主体。业主可以是个人、集体、国家。业主又可以分为单个业主和全体业主，即业主大会或者业主代表大会。

随着我国房地产经济的发展，住房改革制度的深化，房地产私人产权的比重越来越大。业主作为物业的产权（所有权）人，其基本权利是依法享有物业所有权的各项权益，包括由所有权派生的各项权益。在我国，业主所拥有的物业权利通常有两种形态：其一，业主独自拥有的物业；其二，业主与同幢或同区域的其他业主共同拥有、使用的物业，即共用部位。

（2）业主在管理活动中，享受以下权利

1）按照物业服务合同约定，接受物业管理企业提供的服务。

2）提议召开业主大会会议，并就物业管理的相关事项提出建议。

3）提出制定和修改业主公约、业主大会议事规则的建议。

4）参加业主大会会议，并行使投票权。

5）选举业主委员会委员，并享有被选举权。

6）监督业主委员会的工作。

7）监督物业管理企业履行物业服务合同。

8）对物业公用部位、公用设施设备和相关场地的使用情况享有知情权和监督权。

9）监督物业公用部位、公用设施设备专项维修资金的管理和使用。

10）法律、法规规定的其他权利。

（3）业主在管理活动中，应履行以下的义务

1）遵守业主公约和业主大会议事规则。

2）遵守物业管理区域内物业公用部分和公用设施设备的使用，公共秩序和环境卫生维护等方面的规章制度。

3）执行业主大会的决定和业主大会授予业主委员会做出的决定。

4）按照国家有关规定交纳专项维修资金。

5）按时交纳物业服务费用。

6）法律、法规规定的其他义务。

2.1.2　业主大会

业主大会是代表和维护物业管理区域内全体业主在物业管理活动中的合法权益的自治

自律组织。《物业管理条例》中规定："物业管理区域内全体业主组成业主大会"，并且规定："一个物业管理区域成立一个业主大会"。

业主大会应履行以下职责：

1）制定、修改业主公约和业主大会议事规则。

2）选举、更换业主委员会委员，监督业主委员会的工作。

3）选聘、解聘物业管理企业。

4）决定专向维修资金的使用和续筹方案，并监督实施。

5）制定、修改物业管理区域物业共用设施设备的使用、公共秩序和环境卫生的维护的方面的规章制度。

6）法律、法规或者业主大会议事规则规定的其他有关物业管理的职责。

2.2 业主委员会

2.2.1 业主委员会的概念

业主委员会是在物业管理区域内代表全体业主实施自治管理的组织。业主委员会由业主大会从全体业主中选举产生，经政府批准成立的代表物业管理区域内全体业主合法权益的社会团体。其合法权益受国家法律保护。

业主委员会的宗旨是代表物业管理区域内全体业主的合法权益，实行业主自治与物业管理相结合的管理体制，保障物业的合理与安全使用，维护物业管理区域内的公共秩序，创造整洁、优美、安全、舒适、文明的环境。

2.2.2 业主委员会的职责

业主委员会是业主大会的执行机构，应履行以下职责：

（1）召集业主大会会议，报告物业管理的实施情况。

（2）代表业主与业主大会选聘物业管理企业签订物业服务合同。

（3）及时了解业主、物业使用人的意见和建议，监督和协助物业管理企业履行物业的服务合同。

（4）监督业主公约的实施。

（5）履行业主大会赋予的其他职责。

业主委员会应自选举产生之日起30日内，向物业所在地区、县人民政府房地产行政主管部门备案。业主大会和业主委员会应依法履行职责，不得做出与物业管理无关的决定，不得从事与物业管理无关的活动。

2.2.3 业主公约

（1）业主公约的定义

业主公约是一种公共契约，属于协议、合约的性质，是由全体业主承诺的，是全体业主共同约定、相互制约、共同遵守的有关物业使用、维护和管理及公共利益等方面的行为准则。它是物业管理中的一个重要的基础性文件。一般是由业主委员会依据政府制定的示范文本，结合物业的实际情况进行修改补充，经业主大会讨论方可通过生效。

（2）业主公约的特点

1）公约的主体是全体业主。订约人必须是业主或者是代表全体业主的权益主体，即业主大会。

2）公约的客体是物业使用、维修以及其他物业管理等方面的行为。

3）公约的内容是有关物业使用、维护与管理等方面的权利和义务的规定，其中，既有法律、法规规范的内容，也有公共道德的内容。

4）公约的立足点是订约主体的自我意识与行为的把握。

5）公约经业主签约或者业主大会审议通过而生效，对物业管理区域内的全体业主和物业使用人具有约束力。

课题3 物业管理的主要参与机构

在物业管理的实施过程中，涉及到许多部门、组织和机构，它们既相互联系又相互制约，从而使物业管理工作更加完善，其中最主要的有：政府管理部门，房地产开发企业，物业管理企业和各种专业服务公司，业主大会和业主委员会。具体见表2-2。

参与物业管理的主要机构 表2-2

序号	参与机构	说　　　明
1	政府管理部门	包括房地产行政主管部门和各相关部门
2	房地产开发企业	一是前期物业管理的组织者参与，二是作为业主之一参与
3	业主大会	是物业管理的权利机构，体现了业主自治管理权
4	业主委员会	是业主大会的执行机构，代表业主对物业实行自治管理
5	物业管理企业	依法成立并具备相应资质条件的经营物业管理的经济实体
6	各种专业服务公司	物业管理工作配套服务的专业机构，如：保安公司、园林绿化公司等

3.1 物业管理企业和业主委员会的关系

物业管理企业和业主委员会都是物业管理机构，它们共同拥有着一定范围内的物业。业主委员会管理的是其所代表的业主们的物业，而物业管理企业是受委托管理业主们的物业，由此形成了它们之间一定的关系。

3.1.1 经济上的合同关系

在市场经济条件下，物业管理企业与业主委员会之间是一种经济合同关系，物业管理企业提供的物业管理服务是有偿的，在提供一定的物业管理服务的同时，应当获得相应的报酬。同样，业主在享受到物业管理服务的同时，应支付相应的费用。物业管理企业与业主之间的这种经济关系是通过物业管理服务合同确认和保证的。合同签订后，双方分别承担各自的权利和义务，物业管理企业应按合同规定及要求提供相应的服务，并在日常的工作中接受业主和业主委员会的监督；同时，业主和业主委员会应协助物业管理企业开展工作，并按时缴纳物业管理委托合同中写明的各项费用。双方在经济上的关系是平等的。具体体现在：

（1）聘用与被聘用的关系。聘用者是业主委员会，被聘用者是物业管理企业。业主委员会根据物业的情况和多数业主的意志，有权选择不同的物业管理公司提供服务与管理。

（2）委托与被委托关系。业主委员会愿意以多少钱购买什么样的服务，物业管理企业提供何种服务按什么标准收费，为谁提供服务，完全是一种经济活动中的委托代理关系。委托代理是基于被代理人的委托而产生的代理关系，是通过委托合同实现的。委托合同是产生代理行为的依据，代理行为是实现委托合同的内容。

（3）相对独立的运作关系。物业管理企业与业主委员会都是独立运作的组织，都无权干预对方的内部活动。

3.1.2 法律上的平等关系

物业管理企业与业主委员会之间是提供服务和享受服务的关系。受委托人和委托人之间的关系在地位上是平等的，没有隶属关系，既不存在领导和被领导的关系，也不存在管理和被管理的关系，业主委员会有权利依法决定聘用或解聘某个物业管理企业，而物业管理企业也有受聘和不接受聘请的权利。

3.1.3 工作上的合作关系

在物业管理工作中，由于业主委员会代表所有业主，故在物业管理区域内的管理活动中，不可避免地经常同物业管理企业进行联系，由此产生了双方之间的合作关系。双方应根据服务合同中规定和要求的权利和义务进行合作。

3.2 物业管理企业与房地产开发企业的关系

3.2.1 房地产开发企业附设物业管理企业

房地产开发企业为了满足售房服务与管理的需求，常设置分公司或下属物业管理公司实施物业管理。该种物业管理企业与房地产开发企业是从属关系，物业管理作为售后管理工作，往往是房地产开发过程的延续和发展。目前国内这种形式占很大比例。

3.2.2 委托专业物业管理公司实施物业管理

一般来说，业主委员会成立之前，第一次选聘物业管理企业的工作由原房地产开发企业完成。它可以通过公开招投标的方式选聘专门从事物业管理的企业实施前期物业管理，这样物业管理企业与房地产开发企业之间就构成了聘用的合同关系，双方依照合同规定行使各自的权利并履行各自的义务。当业主委员会成立后，选聘物业管理公司则由业主委员会负责。

3.3 物业管理企业与政府管理部门的关系

3.3.1 物业管理企业与房地产行政主管部门的关系

房地产行政主管部门负责物业管理的归口管理工作。物业管理企业，首先经房地产行政主管部门审核批准，才可以到工商行政主管企业申办物业管理企业，物业管理企业设立以后，仍须在房地产行政主管部门的监督、指导下开展工作。但政府管理部门不直接参与物业管理企业管理活动。各级房地产行政主管部门负责城市物业管理的宏观管理和调控，制订城市有关物业管理的法规、政策，并组织实施监督和检查，组织引导物业管理工作的工作方向等。应当特别强调的是，政府在物业管理中就是立法、指导、推动、检查、监督物业管理工作的实施，把政府自身的各项行政管理工作落到实处，以正确行使在社会主义市场经济体制中政府对物业管理进行行业管理的职能。房地产行政主管部门对物业管理企业进行行政管理的主要工作有：物业管理合同备案管理，物业管理企业的资质审批，对物业管理企业的专业人员进行业务培训、考核与注册，检查监督物业维修基金的管理与使用，组织物业管理企业参加物业管理评比等。

3.3.2 物业管理企业与工商行政管理部门的关系

物业管理企业应向工商行政管理部门申请注册登记，领取营业执照后，方可对外经营。工商行政管理部门每年都会对企业进行年度检查，物业管理企业也不例外。

3.3.3 物业管理企业与税收管理部门的关系

税收管理部门有权对物业管理企业的纳税情况进行业务检查和指导。物业管理企业虽可享受国家对第三产业的利税优惠政策，但仍应遵守有关税收政策，依法纳税。

3.3.4 物业管理企业与物价管理部门的关系

物业管理的收费应按有关部门规定的收费标准收取，不得随意增加收费项目和提高收费标准。对政府部门尚未制定收费标准的服务项目，物业管理企业应将收费标准上报物价部门备案。

3.3.5 物业管理企业与其他行政管理部门的关系

物业管理企业的各项服务工作均要接受相对应的行政管理部门的指导与监督。比如物业治安管理要接受公安部门的监督与指导，治安管理人员由派出所进行培训和指导，物业的消防管理接受消防部门的监督、检查和指导，清洁工作应接受环卫部门的指导与监督，绿化工作接受园林部门的指导等。政府的其他行政职能管理部门应在法律、法规规定和其职责范围内进行管理和提供服务，并对物业管理企业的有关工作和专业工作按各自的职责分工进行指导和监督。

综上所述，物业管理企业与政府各行政管理部门的关系可用图 2-6 予以概括。

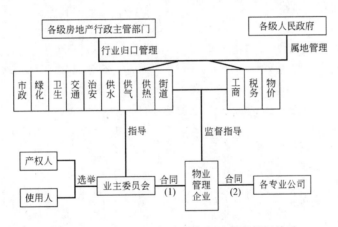

图 2-6　物业管理企业与政府各行政管理部门关系

3.4　物业管理企业与各专业服务公司的关系

专业服务工作是物业管理过程中的重要工作，物业管理中的全方位服务，需要通过专业服务公司实现。物业管理企业应通过选聘专业的服务公司，与其签订合同，建立合同关系，完成专业服务工作。

3.5　物业管理与社区管理的关系

物业管理与社区管理，是近年来为适应城市体制改革和加强城市基础管理所出现的新生事物。由于二者的管理区域重合，管理内容交叉，管理形式相似，硬件设施共享，以人为本的宗旨相同，提高生活质量的目标一致，因此会发生管理职能的碰撞，目前亟待理顺物业管理与社区管理错综复杂的关系。

实 训 课 题

1. 请你选择本市区的一家物业管理企业进行调查，结合该企业的现状，利用所学第二单元的知识点，为该企业设置科学、合理、高效的组织机构，并画出组织机构框图。

2. 请你通过互联网查询有关国家和地方在物业管理方面的制度政策，结合实际为以上物业管理企业所管的住宅小区，起草一份《业主公约》。

思考题与习题

1. 解释名词：物业管理企业、业主、业主大会、业主委员会、业主公约。
2. 业主、业主大会、业主委员会三者之间的关系如何？
3. 如何设立物业管理企业？
4. 物业管理企业的组织机构有哪几种？
5. 物业管理企业与哪些相关机构存在关系？如何来协调这些相关结构的关系？
6. 如何处理物业管理企业与街道社区管理的相互关系？

单元 3　中国物业的分类管理

知 识 点：掌握住宅小区物业管理的特点和具体内容，熟悉商业物业管理的经营性，了解其他物业管理的内容。

教学目标：通过本章内容的学习，使学生们掌握居住性物业管理的特点，在实施物业管理过程中，还要针对不同使用性质的居住性物业，采取不同的管理方法，提供不同的管理服务项目。并且使学生们掌握商业物业管理所具有的不同特点；了解特种物业的管理与服务的重点和区别。针对智能化物业管理的特点，掌握智能化物业管理的要求。

课题 1　住宅小区的物业管理

1.1　住宅小区的含义及特点

1.1.1　住宅小区的含义

住宅小区是指市政配套比较完善，共用设备、设施比较齐全，经过统一规划，具有一定规模，集中成片开发建成的城镇居住区域。这里所说的住宅小区主要是指城市新建的住宅小区。住宅小区按不同的标准可分为不同的类型，如表 3-1 所示。

住宅小区类型　　　　　　　　　　　　　　　　　　　表 3-1

序号	分类标准	类　型	说　明
1	按用地规模	单元住宅小区	建筑面积 3～5 万 m²
		普通住宅小区	建筑面积 5～30 万 m²
		大型住宅小区	建筑面积 30～100 万 m²
		超级住宅小区	建筑面积 100 万 m² 以上
2	按人口规模	居住组团	住户大约 300～700 户，人口 1000～3000 人
		居住小区	住户大约 2000～4000 户，人口 7000～15000 人
		居住区	住户大约 10000～15000 户，人口 30000～50000 人
3	按建筑主体楼宇构成	低层住宅	1～3 层住宅
		多层住宅	用楼梯组织垂直交通的 4～6 层住宅
		中层住宅	至少设置一部电梯的 1～9 层住宅
		高层住宅	10 层以上的住宅
		超高层住宅	30 层以上的住宅

具体说住宅小区的含义表现在三个方面：一是从小区的功能上看，它集居住、社交、服务、经济等功能于一体；二是从小区的结构上看，它是环境建设与住宅建设相统一；三

是从小区的形成来看，它是城市综合开发规划与住宅建设相统一。

1.1.2 住宅小区的特点

住宅小区的特点很多。把住宅小区与以往城镇居民分散居住、居住区与工业区及办公区混杂相间居住方式相比，它有以下几个方面的特点：

（1）居住功能单一，相对封闭独立

住宅小区的一个最大特点就是每一个住宅小区都是相对封闭独立的，而且居住功能单一，居民居住集中。住宅小区功能单一是指住宅小区内一切设施都是为小区内居民居住便利而设计和建造的，它不包括工业生产、农业生产等其他社会功能和城市功能。住宅小区内居民居住集中，相对封闭独立，在城镇中单独营造一片住宅小区，与城市中生产区、商业区、办公区等其他功能区分开，方便了居民的生活，便于集中服务与管理，提高了城镇居民居住条件与居住水平。

（2）住宅小区人口密度高，人口结构复杂，形成相对独立的社区文化

住宅小区由于居住功能单一又相对封闭独立，形成了住宅小区内人口密度高、人口结构复杂的特点。如全国已建成的最大的住宅小区——北京方庄小区，住宅楼有135幢，约有21300套住房，总建筑面积是260多万平方米，占地面积是147.6万平方米，其中住宅建筑有166万平方米。同时还建有570多个生活服务设施，为小区内的居民服务。常住人口有10万人左右。在147.6万平方米大的地方有10万人左右居住，可见人口密度之高。住宅小区的居民以家庭为单位居住在小区中，人口结构不论从年龄划分，还是从文化程度划分，或者是从经济角度划分，都是比较复杂的。比较复杂的人口高密度、相对与封闭、独立生活在一个相对小的区域内，时间一长，必然形成相对独立的一种具有独特特点的社区文化。

（3）住宅小区房屋产权多元化，公用设施社会化

随着住房制度改革的深化，住宅房屋商品化的推进，住宅小区的房屋基本上由住宅小区居民个人购买，产权归居民个人所有。但是，现阶段处于由产权公有向私有转化的过渡阶段，因此，同一个小区，甚至是同一栋楼产权呈现出多元化的格局，既有公有、集体所有，又有个人私有。与住宅房屋产权多元化相对立存在的是住宅小区公共设施的社会化。就是说尽管住宅房屋产权归不同所有者所有，但这种所有权只限于住宅小区内房屋的专有部分，而不包括公有部分，以及小区内的绿地、公用设施，因为这些仍然归公有，形成了公有的社会化格局。

（4）规划建设合理，配套设施齐全，居住方便

新建的城市住宅小区都得经过政府有关部门多次商讨、规划建设而成，是多专业、多人才、多智慧共同努力的结果。因此，住宅小区规划建设合理，配套设施齐全，居住舒适、安全、美观、便利。例如，北京德宝建筑采用组团式布局，设计独具匠心、合理美观，每个组团内设有街心花园，干路绕中心主路向四方辐射，把住宅楼与小区内学校、托儿所等配套公用设施有机联系在一起，形成了便利、美观、舒适的优秀住宅小区。

1.2 住宅小区物业管理的内容

1.2.1 住宅小区物业管理的内容

住宅小区物业管理的内容，见表3-2。

序号	内容	具体工作
1	房屋管理	(1)房屋结构与外观完整与完好的维护; (2)房屋老化、损坏的检查、鉴定、赔偿与修复; (3)房屋内外装修的审批与约束; (4)房屋使用管理(包括进住、退房登记、使用单位人员、室内用品的登记、房间钥匙的登记发放、收回与门锁的更换等); (5)建筑物内外的标志、广告的管理; (6)房屋档案的建立与维护更新
2	环境卫生、绿化管理	(1)制止区内乱丢、乱放、乱倒、乱堆废物垃圾,制止乱张贴、乱涂写,制止饲养家畜家禽,控制噪音及空气水质污染,消除区内污染源; (2)对区内的马路、便道、绿化带、公共场所及时清扫保洁,设立卫生收集器具,及时收集、清运垃圾,及时对垃圾桶等卫生器具清洗消毒归位,加强防疫灭鼠、灭蟑螂、灭蚊蝇,加强对小区内经营商户的卫生管理和检查,保持区内清洁卫生; (3)加强住宅小区内的绿化养护,对绿化带、区内小公园、道路两侧的树木、花草及小品建筑等都设立专人养、培、修、护,保持小区内的美化和绿化
3	治安管理	(1)配置保安设备,成立保安队伍,制订保安制度; (2)对保安员进行专业技能和职业道德的培训和考核; (3)进行区内定点监控、重点防范、治安巡逻; (4)进出的人员和车辆要登记,做好治安事件的记录,联防联保; (5)对于违章的纠正,进行文明礼貌和社会道德教育

1.2.2 住宅小区管理的特点

(1)统一规划,综合开发;

(2)规模较大,功能齐全;

(3)房屋结构整体化,配套设施系统化;

(4)产权结构多元化,物业种类多样化;

(5)新旧小区建设不一致;

(6)业主的文化水平和经济能力参差不齐,管理复杂化;

(7)业主对物业管理的需求标准不一致;

(8)业务涉及相关部门多,协调难度大。

1.2.3 住宅小区管理的重点与难点

住宅小区管理可归纳为物业管理的早期介入,物业管理企业内部机构的设置,物业管理人员的选聘和培训,物业管理规章制度的制定,物业的验收与接管,物业档案资料的建立和物业管理的日常运作等基本环节。经认真分析各个环节的管理过程和研究现实工作中遇到的问题,住宅小区管理的重点与难点表现在下列几个方面。

(1)早期管理。包括早期介入与前期管理。为有利于物业各项功能的完善和今后管理工作的顺利开展,物业管理企业需在住宅小区的规划、设计、施工、竣工验收阶段参与或派驻工程技术、管理人员对项目实施早期管理,站在物业建设单位的角度和今后使用管理的角度对项目的使用功能、工程质量、今后的维护保养等方面提出合理化建议,制定可操作性强的物业管理方案,合理配置管理设备,培训管理人员达到入住条件等。

(2)装修管理。物业管理企业应根据建设部《住宅室内装饰装修管理办法》制定本小区的装修管理规定，严格装修期间的过程管理，防止出现破坏房屋结构、外观，改变房屋原有使用功能等严重违章现象。

（3）做好与物业建设单位的协调工作。住宅小区交付使用后，在质量保修期内，物业建设单位仍负有质量保修责任和配套设施的完善义务，物业管理企业应与物业建设单位加强沟通与协调，随时解决管理过程中与物业建设单位有关的问题。

（4）物业服务收费。物业服务收费应当区分不同物业的性质和特点分别实行政府指导价和市场调节价。物业服务收费实行政府指导价的，应由有定价权限的人民政府价格主管部门应当会同房地产行政主管部门根据物业管理服务等级标准等因素，制定相应的基准价及其浮动幅度，并定期公布。实行市场调节价的物业服务收费，由业主与物业管理企业在物业服务合同中约定。管理经费不足是住宅小区物业管理的难题之一，物业管理企业必须合理使用经费，同时积极开展多种经营创收工作，弥补小区经费的不足，保证小区物业处于正常状态。

（5）解决收费难问题。由于业主文化层次与经济能力参差不齐及受传统住宅消费观念的影响，物业服务收费较难。物业管理人员除做好各项法规宣传工作外，还应想方设法去感化业主，以"情"和实际行动去改变业主的消费观念，使物业服务费用收缴成为业主的自觉行动。同时，物业管理企业应坚决杜绝只收费不服务或多收费少服务现象。

（6）制定《业主公约》，召开业主大会会议。住宅小区人口众多，人员复杂，矛盾和纠纷时常发生。因此，在提倡业主自治自律的基础上，必须对住宅小区业主、物业使用人的居住行为加以限制和约定，制定一个大家共同遵守的行为准则即《业主公约》，来明确住宅小区业主、物业使用人的个体权利、义务和责任，规范住宅小区业主、物业使用人的行为，促进住宅小区物业管理的顺利开展。同时，要按法规规定的要求，当达到召开业主大会会议条件时，应在政府主管部门指导下适时组织首届业主大会，并选举产生业主委员会。在确定业主委员会候选人时，应慎重选择热爱公益事业、大公无私、处事公平、关心小区管理的候选人。

（7）协调相关部门关系。物业管理活动所涉及的相关部门较多，有直接参与的，也有间接参与的，如建设单位、业主、业主委员会，城市供水供电等专营服务公司，物业、市政、环卫、公安、消防、工商等行政管理部门等。物业管理工作离不开这些相关部门的支持与帮助，因此，物业管理企业要积极协调处理好与这些相关部门的关系，配合他们的工作，借助政府有关部门的力量，促进住宅小区物业管理的精神文明建设等各项工作的全面开展。

（8）安全防范。由于住宅小区规模较大，每日进出人员较多、成分复杂，加之当今社会治安形势严峻，小区丢失自行车、摩托车、汽车，甚至入室盗窃现象时有发生，物业管理企业必须保持高度的警惕性，采取"人防"、"技防"、"物防"多种手段，切实做好治安防范工作。

（9）管理档案。管理处应收集、整理、汇总工程建设资料，业主及物业使用人的档案资料和内部管理资料，使得小区的各项管理井然有序，规范化、标准化、制度化。

（10）智能化系统管理。随着现代化科学技术在物业开发中的运用，物业及设施的科技含量不断提高，物业管理朝着智能化方向迅速发展。现在住宅小区普遍采用的智能化设施设备有：闭路电视监控系统、小区周界防越系统、电子对讲系统、车辆管理系统、电子巡更系统、家庭报警系统、物业自动抄表系统、自动消防报警系统、楼宇设备自动控制系统等。

智能化设施设备的使用，不仅提高了物业的建设档次，而且为业主的生活带来了方便和安全，也为物业管理提供了新的管理手段和方法，提高了工作效率，提高了物业管理质量和服务水平。

1.3　住宅小区的文明建设

1.3.1　如何抓好住宅小区的文明建设

（1）抓好住宅小区物质环境的改善和提高

作为物业管理企业，要想抓好小区物质环境的改善和提高，就需要努力地为小区内的居民创造一个环境优美、居住安心、生活方便的生活空间，满足人们最基本的生存需要。

（2）完善服务体系，做小区居民的贴心人

人们在基本的生活环境质量要求得到保证后，自然就会去寻求精神、文化生活的改善，这时管理者要想进一步发挥小区居民整体的力量，培养引导小区居民的良好风尚，就必须要做小区居民的贴心人，想居民之所想，急居民之所急，完善服务项目，让居民感到有依靠、有温暖、有归属感，对管理人员怀有敬佩、信服之心。这样物业管理企业就会有一定的号召力。

（3）制定小区文明公约

环境的优美可带来小区内人们的自豪感、认同感。物业管理企业提供的周密细致的服务，就会使小区内的居民有贴心感和归属感，在此基础上，管理单位会同全体居民订立小区内的文明公约，就会得到小区内居民的真心拥护和自觉遵守，从而就可以用这个公约来规范和约束全体居民的行为、语言、思想等，使小区内的文明水平得到全面提高。

（4）开展丰富多彩的社区文化活动

物业管理企业可以通过不同形式开展一些书画展、文艺表演、体育比赛、知识竞赛等文体活动，小区内的居民可选择参与，让他们充分展示自己的特长，表现自己的个性，增进彼此之间的了解和友谊。有条件的小区还可以建立一些文体活动室、阅览室等，提高小区文化品味，使小区的居民休闲娱乐有去处，锻炼学习有场所，业余生活丰富多彩。通过这些活动的开展，可以培养居民的参与意识、集体荣誉感、地域归属感和自豪满足感，使居民觉得小区不仅是自己的居住家园，而且也是自己的精神家园。

（5）进一步拓展文明建设的深度

通过开展各种文明创建活动，如文明小区、文明楼宇、文明家庭和文明居民的评选，组织小区内居民参加献爱心活动，热心助人、见义勇为等。培养人们关心社会、关心他人、互助互爱、奋发向上的精神品质，使小区文明建设达到更高一层的境界。

1.3.2　住宅小区的达标考评

为了推动建立物业管理体制，提高城市住宅小区的整体管理水平，同时也为了规范、引导住宅小区物业管理的开展，建设部在1990年颁布了《全国城市文明住宅小区标准》。2000年5月25日，建设部又发布了新的《全国物业管理示范住宅小区标准及评分细则》。

该标准与以前的标准相比，申报的条件有较大提高，考评的标准也有较大调整。

（1）申报的基本条件

1）参评项目符合城市规划建设要求，配套设施齐全。具体要求是：住宅小区、工业区建设面积在 8 万平方米以上，别墅 2 万平方米以上，大厦 3 万平方米以上；非住宅建筑面积占 60％以上，入住率或使用率达 85％以上。

2）取得省（自治区、直辖市）级物业管理示范项目称号一年以上。

3）物业管理企业已建立各项管理规章制度。

4）物业管理企业无重大责任事故。

5）未发生经主管部门确认属实的有关收费、房屋质量等方面的重大投诉。

（2）全国物业管理示范住宅小区标准见表 3-3。

全国物业管理示范住宅小区标准   表 3-3

评定项目		分值		子 项 目 具 体 内 容
1	基础管理	32 分	(1)	按规划要求建设，住宅及配套设施投入使用
			(2)	已办理接管验收手续
			(3)	由一家物业管理企业实施统一的专业化管理
			(4)	建设单位在销售房屋前，与选聘的物业管理企业签订物业管理合同，双方责权利明确
			(5)	在房屋租赁合同签订时，购房人与物业管理企业签订前期物业管理服务协议，双方责权利明确
			(6)	建立维修基金，其管理、使用、统筹符合有关规定
			(7)	房屋使用手册、装饰装修管理规定及业主公约等各项公众制度完善
			(8)	业主委员会按规定程序成立，并按章程履行职责
			(9)	业主委员会与物业管理企业签订物业管理合同，双方责权利明确
			(10)	物业管理企业制订争创规划和具体实施方案，并经业主委员会同意
			(11)	小区的物业管理已建立健全各项管理制度、各岗位工作标准，并制定具体的落实措施和考核办法
			(12)	物业管理企业的管理人员和专业技术人员持证上岗，员工统一着装，配戴明显标志，工作规范，作风严谨
			(13)	物业管理企业应用计算机、智能化设备等现代化管理手段，提高管理效率
			(14)	物业管理企业在收费、财务管理、会计核算、税收等方面执行有关规定，至少每半年公开一次物业管理服务费用收支情况
			(15)	房屋及其公用设施设备档案资料齐全，分类成册，管理完善，查阅方便
			(16)	建立住户档案、房屋及其配套设施权属清册，查阅方便
			(17)	建立 24 小时值班制度，建立服务电话，接受业主和使用人对物业管理服务报修、求助、建议、问询、质疑、投诉等各类信息的收集和反馈，并及时处理，有回访制度和记录
			(18)	定期向住用户发放物业管理服务工作征求意见单，对合理的建议及整改，满意率达 95％以上
			(19)	建立并落实便民维修服务承诺制，零修、急修及时率 100％，返修率不能高于 1％，并有回访记录
2	房屋管理与维修养护	14 分	(1)	主要出入口要设有小区平面示意图，主要路口设有路标，组团及幢、单元（门）、户门标号标志明显
			(2)	无违反规划私搭乱建，无擅自改变房屋用途现象
			(3)	房屋外观完好、整洁，外墙面砖、涂料等装饰材料无脱落、无污迹
			(4)	室外招牌、广告牌、霓虹灯按规定设置，保持整洁、统一、美观，无安全隐患或破损
			(5)	封闭阳台统一有序，色调一致，不超出外墙面，除建筑设计有要求外，不得安装外廊及户外防盗网、晾晒架、遮阳篷等
			(6)	空调安装位置统一，冷凝水集中收集，支架无锈蚀
			(7)	房屋装饰装修符合规定，未发生危及房屋结构安全、拆改管线和损害他人利益的现象

评定项目	分值		子 项 目 具 体 内 容
3 公用设施设备管理	15分	(1)	共用配套设施完好,无随意改变用途
		(2)	共用设备设施运行、使用及维护按规定要求有记录,无事故隐患,专业技术人员和维护人员严格遵守操作规程与保养规范
		(3)	室外共用管线统一入地或入公共管道,无架空管线,无碍观瞻
		(4)	排水、排污管道通畅,无堵塞外溢现象
		(5)	道路通畅,路面平整,井盖无缺损无丢失,路面井盖不影响车辆和行人
		(6)	供水设备运行正常,设施完好,无渗漏、无污染,二次生活用水有严格的保障措施,水质符合卫生标准,制订停水及事故处理方案
		(7)	制订供电系统管理措施并严格执行,记录完整,供水设备运行正常,配电室管理符合规定,路灯、街道灯等公共照明设备完好
		(8)	电梯按规定或约定时间运行,安全设施齐全,无安全事故,轿厢、井道保持清洁,电梯机房通风,照明良好,制订出现故障的应急处理方案
		(9)	三北地区、冬季供暖地区,室内温度不能低于16℃
4 保安消防车辆管理	10分	(1)	小区基本实行封闭管理
		(2)	有专业保安队伍,实行24小时值班及巡逻制度,保安人员熟悉小区的环境,文明值勤,训练有素,言语规范,认真负责
		(3)	危及人身安全处要有明显标识和具体的防范措施
		(4)	消防设备设施完好无损,可随时启用,消防通道畅通,制订消防应急方案
		(5)	机动车停车场管理制度完善,管理责任明确,车辆进出有登记
		(6)	非机动车车辆管理制度完善,按规定位置停放,管理有序
5 环境卫生管理	11分	(1)	环卫设备完备,设有垃圾箱、果皮箱、垃圾中转站
		(2)	清洁卫生实行责任制,有专职的清洁人员和明确的责任范围,实行标准化保洁
		(3)	垃圾日产日清,定期进行卫生消毒灭杀
		(4)	房屋公用部位、公用设施设备无蚁害
		(5)	小区内道路等公用场地无纸屑、烟头等废弃物
		(6)	房屋公用部位保持清洁,无乱贴、乱画,无擅自占用和堆放杂物现象,楼梯扶栏、天台、公共玻璃窗等保持洁净
		(7)	商业网点管理有序,符合卫生标准,无乱设摊点、广告牌和乱贴、乱画现象
		(8)	无违反规定饲养宠物、家禽、家畜
		(9)	排放油烟、噪音等要符合国家环保标准,外墙无污染
6 绿化管理	10分	(1)	小区内绿地布局要合理,花草树木与建筑小区配置得当
		(2)	绿地无改变使用用途和破坏、践踏、占用现象
		(3)	花草树木长势良好,修剪整齐美观,无病虫害,无折损现象,无斑秃
		(4)	绿地无纸屑、烟头、石块等杂物
7 精神文明建设	3分	(1)	开展有意义、健康向上的社区文化活动
		(2)	创造条件,积极配合,支持并参与社区文化建设
8 管理效益	5分	(1)	物业管理服务费用收缴率在98%以上
		(2)	提供便民有偿服务,开展多种经营
		(3)	本小区物业管理经营状况

建设部规定,凡向建设部申报考评的项目,省(自治区、直辖市)预评预验8大项59条,合计的分值不能低于98分(满分为100分),以确保当选项目能真正体现出先进性和示范性。

1.4 不同居住物业的管理

1.4.1 高级公寓的物业管理

(1) 高级公寓的含义

公寓一般是指具有分层住宅形态，各有室号及专门出入，成为各个独立居住单位的物业。虽然公寓目前占我国城镇居住面积比例较小，但从长远来看是我国城镇建设发展的方向。随着我国生产力的发展，人们的物质文化生活水平的提高，以及人们生活习惯的改变，公寓的需求量必然越来越大，要求居住的标准和环境也必然越来越高，对物业管理的档次也会有更高的要求。

（2）高级公寓管理服务的特点

1）管理服务的市场化程度高。"谁花钱、谁享受"以及"多花钱、多享受"的观念，在高级公寓的住户中一般都能够接受，也能理解，业主和住户在要求全方位、多项目服务的同时，对合理的价位也能接受。因此，在高级公寓的管理服务中，服务和享受的一致，价位与标准的一致，成为住户和管理者双方的共识，市场化式的管理得到推进。

2）客户相对稳定，服务周期长。从目前实际情况看，开发商一般是采用出售或出租两种方式进行的经营管理。因此，其业主和客户都相对比较稳定，较少变化，流动性较小。同时，服务周期长，一天24小时，每时每刻都有人入住、有人进出。因此，物业管理企业就要不间断地进行管理与服务。

3）管理要求严，服务层次高。高级公寓的住户对居住条件和环境要求比较高。因此，对物业管理企业的管理水平和房屋质量要求就高，特别是对保安、保洁和服务等方面的要求更是如此。要保证住户安全，进出口设有保安值班岗位，非居住人员不得入内，来客要登记等，努力地为住户创造出一个安全、静雅、优美、温馨的良好生活环境。同时，要提供如购物中心、餐饮、洗衣、文化娱乐、代定报纸杂志等服务项目。

4）管理服务的涉外性。由于高级公寓的入住者外籍人士较多，因此，对于入住手续、产权产证的办理，投诉的处理等具有涉外性，有些事务的处理还要会同外事部门共同解决。物业管理的从业人员，在工作过程中，不仅仅是一个中国员工的个人形象，更代表了国家形象，所以在礼仪态度方面必须要十分注意。

（3）高级公寓管理服务的要求

1）重视前期的物业管理，特别是早期介入、接管验收、住户入住三个环节。由于这类房产物业的涉外性较强，质量和配套要求高并且开发商比较重视。因此，早期介入就成为普遍重视的工作之一，其内容包括：规划设计是否合理，配套建设的时间性，工程质量是否达到了高标准等几个方面。接管验收着重从整体到个别，从土建结构、隐蔽工程到设备设施运行的质量方面把好关。住户在入住时，除了办好一切应办的包括涉外有关的手续外，还要做好签约、制度宣传、清扫、保安等服务，同时也要热情做好住户接待工作，耐心回答住户提出的所有问题，尽量协助解决住户的困难。

2）日常管理服务的重点。房屋和设备保养维修要及时到位，配套建设要逐步完善，特约性服务力求项目多、服务全，保安、消防服务管理措施得当、制度要严，关注业主和业户的公共交往。

1.4.2　别墅的物业管理服务

（1）别墅的含义

所谓别墅一般是指带有庭院的、二至三层的独立居室和住宅。别墅可以分为独立式和连体式两种类型。独立式是指那些四面临空，有庭院相围，而连体式则是有一面与相邻的别墅连接，其他三面临空。从用途上讲，除了有居住别墅外，还有供短期避暑、游乐、娱乐、休闲用的经营性别墅，这些别墅一般与自然景观相结合，依山傍水，环境宜人。我们讲的主要是以居住别墅为主。

（2）别墅物业管理的特点

由于别墅的建筑、装饰以及环境上的一些特点，加上入住的业主一般都是经济上比较富裕的阶层或者是外籍人士，因而其物业管理服务工作就具有自己的特点：

1）物业管理和服务要求高。由于是高标准的建筑和精良的设备设施，因此，在对其实施物业管理服务过程中，必须高标准、严要求，要求有一支技术精、水平高的队伍来管理，以使物业能得到良好的维修养护，达到保值甚至是增值的目的。同时在提供消防保安、环境绿化和多种项目服务方面，也要有可靠的保证，要实行封闭式的管理。

2）特约服务多。入住的业主一般都为经济上富裕的国内外企业家或者高级管理人员、科技工程技术人员，他们的工作和事务比较繁忙。因此，其家政事务需要由专人去从事，物业管理企业应提供多种多样的特约服务。

3）物业管理服务收费较高。尽管我国制定了《物业服务收费管理办法》，并从2004年1月1日起执行，但由于别墅管理和服务要求高，致使收费普遍较高。

（3）别墅物业管理服务的要求

1）保护别墅区整体规划的完整性。管理别墅区的物业管理企业，应按照规划设计的要求对物业小区内的建筑风格和整体布局进行保护，不准他人随便改变，尤其是周围的绿地更是不可侵占，禁止擅自改变用地位置或扩大用地范围的任何违章用地或违章建筑。

2）认真做好别墅养护和设备设施的维修工作。按照国际水准的管理要求，对别墅区每隔5～7年就要进行一次装修，更新设施，以保持全新面貌，要保证设备设施的良性运行，有问题及时检修。

3）要特别抓好消防与保安工作。对于别墅区的管理，应具有高度的私密性、安全性和技术性。因为住在这里的人一般都是有钱人，财产比较多，更容易引起坏人的注意。因此，物业管理企业应特别突出加强消防与保安管理工作，实行封闭式管理，24小时全面巡逻、全面监控，对来访客人，要在电话里征得住户的同意后，方可放人。要采取一切有效措施，确保住户的人身安全和财产安全。

4）要搞好环境绿化工作。别墅区的环境管理的重点就在于园林绿化和养护，要不断地调整小区内花草树木的品种，增设具有艺术品味的建筑小品或人造景点，使小区内实现一年四季常青，提高生态环境质量，尽量营造一个花香鸟语、温馨高雅的居住环境。在搞好环境绿化的同时，清洁卫生也是确保环境质量的一个重要方面。生活垃圾要及时清运，道路、庭院以及草丛中的垃圾要及时清除。此外，小区的车辆、交通管理也是环境管理的一个不可忽视的方面。别墅区内要设置明显的交通标志，实行车辆的限速行驶及禁止鸣号等规定。同时别墅区内的车辆必须定点停放，有车库的应放回车库，禁止乱停乱放。

5）搞好全方位服务。为了方便住户的工作和生活，物业管理企业要在保证设备设施安全正常运行、卫生保洁达到标准要求、礼貌服务符合规定标准的前提下，尽量满足业主的各种要求。尤其是对那些外籍人士，他们身在异乡，有很多的不方便之处，物业管理企业的从业人员一定要本着业主至上、服务第一的工作精神，主动地和他们交朋友，解决他们在生活和工作中所遇到的难题。但是，特约服务项目的设立，一定要有针对性，服务的内容也可以是多种多样的。同时，物业管理企业也可以开展其他一些经营项目。

课题 2　商业物业的管理

商业物业包括综合楼、各类商场、购物中心、购物广场、酒店及各种专业性的市场等，其中，集商业购物、餐饮、娱乐、金融等各种服务功能于一体的大型商场物业也称公共性的商业楼宇的物业。

2.1　商业物业的含义及类型

2.1.1　商业物业的含义
所谓商业物业是指供商品流通和进行经济活动的物业及其附属的设备、设施。

2.1.2　商业物业的类型
根据不同的标准，商业物业可以分为不同类型，如表3-4所示。

商业物业的类型　　　　　　　　　　　　　　　　　　　　　　　　　表 3-4

序号	标准	类型	内　涵
1	从建筑结构上分	敞开型	指商品摆放在无阻拦的货架上，由顾客直接挑选取货。如广州的海印电器城
		封闭型	指顾客购物时不能进入柜台里面直接挑选商品，而由售货员拿商品给顾客挑选。如香港的统一中心
2	从建筑功能上分	综合性商业购物中心	具体包括购物、娱乐活动、健身房、保龄球场、餐饮店、影剧院、银行分支机构等，如广州的天河城
		商住两用型	低楼层部位是商场、批发部等；高层则为办公、会议与住户用房等，如宁波的世贸中心
3	从建筑规模上划分	市级购物中心	这种购物中心一般建筑规模在 3 万～10 万 m² 以上，其商业辐射区域覆盖整个城市，服务人口在 30 万人以上，年营业额在 5 亿元以上
		地区购物中心	这种购物中心的建筑规模一般在 1～3 万 m² 之间，商业服务区域以城市中心某一部分为主，服务人口在 10 万～30 万人，年营业额在 1～5 亿元之间
		居住区商场	这种购物中心一般在 3000～10000m² 之间，商业服务区域以城市中的某一居住小区为主，服务人口在 1～5 万人之间，年营业额在 3000 万～1 亿元之间
4	从物业的档次上划分	经济型	指出售大众化的一般商品，装修较为普通的物业，开支小，成本少
		豪华型	是指大型商场、高级商场乃至著名的专卖店，出售的商品多是高档商品，其建筑也独具风格，设备、设施齐全，装修、装饰豪华，设有彩电监控、紧急报警开关、红外线区域设防系统以及消防系统、收款联网系统、空调系统、客货分用电梯、购物车辆、停车场等

2.2　商业物业管理服务的特点

商业物业管理服务的特点如下：

（1）要保持商业楼宇的美观、整洁、有序

商业楼宇相对于办公楼宇的气派、雅致，而追求热闹、休闲，往往在大空间、大间隔式的层面里显得商品琳琅满目，并一览无余，外墙上、商场内的广告往往铺天盖地，有的还在广场上建造了喷水池、室内摆设花卉、设置小瀑布或高大的人工绿树等，经营者为创立品牌做足了文章。商业楼宇的人流量和物流量较之其他物业来说大得多了，因此，商业楼宇的保洁服务、环境保护、广告管理、通道管理、咨询管理服务、车辆管理等要与之相适应，以保持商业楼宇的美观、整洁、有序。

（2）设备、设施配置齐全

先进商业楼宇尤其是豪华型的商业楼宇的设备、设施配置齐全、先进，有的已属于智能化建筑。

（3）加强保安工作

商业楼宇的客流量不仅大，而且人员构成比较复杂，这些人在进出商业楼宇时又不受任何的限制，尤其是敞开式的商场堆满了商品，保安工作就更重要了。同时还要加强对易燃易爆商品的管理和清场后的商铺管理。

（4）商业楼宇管理服务要按照同经营者签订的契约实施

就是说物业管理者，在实施对某一商业楼宇管理时，要和经营者签订管理委托合同，管理者必须按照合同的要求去做好每一项工作。同时还要为租户提供良好的服务和优良的经营环境。

2.3 商业楼宇物业管理的要求

商业楼宇是依靠型体来显示企业实力，增大知名度，扩大影响力，设法把顾客引进来。因此，对于物业管理企业来说就要认真做好广告宣传活动，扩大商业场所的知名度和影响力，树立良好的商业企业形象和声誉，以吸引更多的消费者前去助兴购物。具体说其物业管理要求是：

（1）商业楼宇应具有良好的形象

商业楼宇一般都沿街建造，对市容有很大的影响，既要符合社会的实用要求，又要符合社会的美学要求。为此，具有良好形体环境是商业特色，是商业潜在的销售额，也是潜在的资产或无形的资产。

（2）建立商业楼宇识别体系

企业识别系统是强化商业企业形象的一种重要方式，它包括：理念识别体系、视角识别体系和行为识别体系，三者互相推进、互相作用，能产生良好的商业效果。

（3）商业楼宇安全保卫服务要求高

商业楼宇综合性、服务性强，作为保安人员，一定要树立"服务第一、用户至上"的思想，不但要有较高的思想品德，还要求知法、懂法和会用法；不仅要坚持原则，依法办事，还要讲究处理问题的方法和艺术。

2.4 商业楼宇管理服务的对象

商业楼宇的管理服务有许多同办公楼宇相同和相仿之处。但是，商业楼宇管理服务还有许多特殊的内容，具体说是：

（1）楼宇与设备、设施的养护及维修管理

商业楼宇的设备、设施管理是非常重要的，除了对机电设备必须保障正常运转外，特别要保证在营业期间不发生突发性的停电故障，避免引起营业现场的混乱，甚至发生伤人事件。要把自动扶梯等开关装置在顾客碰不到的地方。

（2）环境卫生及绿化管理

基本的保洁工作应安排在非营业时间，营业时间应避免使用长柄拖把，而宜用抹布擦拭，清场后必须把垃圾清理出现场，置放的绿化、盆栽要保持干净、鲜活，枯萎的要及时调换。

（3）安全保卫管理

中央监控室的值勤人员要以高度的责任心做好监督火灾报警装置和电视监控与录像工作，电视监控要对楼内与广场同时进行，要制定防止火灾、抢劫偷盗、流氓闹事等突发事件和恶性事件的应急预案，并组织一定规模的演示。

（4）广告管理

广告要执行广告法的有关规定。楼宇内外的广告牌、条幅、悬挂物、灯饰等由租户提出设计要求后，统一由物业管理企业制作、悬挂，或由租户按物业管理企业的规定进行制作后悬挂在指定的位置。橱窗展示宣传要由物业管理企业统一规划以保持格调一致和富有特色，保持橱窗玻璃明亮，灯光及时开关。

（5）装修管理

商业楼宇的装修十分频繁，要做到装修部位不会影响周围摊位的营业。在审批装修设计方案时，要密切注意温感器、烟感器、喷淋装置与送风方向的配置。在装修施工时还要密切注意这些设施是否被破坏，要提供装修咨询服务。

（6）租赁管理及合同管理

大型商场中有不少是采用柜台出租和层面出租，负责租赁经营的物业管理企业要以良好的管理服务业绩来推动租赁业务，负责管理服务的物业管理企业同样要以良好的管理服务业绩来促进经营单位的租赁业务，物业管理企业的现场管理部门，如经营部要加强各类合同、契约的起草、协调、实施和保管工作。

课题 3　其他类型物业的管理

在非住宅物业中，除了办公楼宇、商业楼宇、工业厂房外，还有多种物业尚处在逐步走向企业化、社会化、专业化管理服务的进程之中，有的已交由物业管理企业实施管理服务，有的通过原行政管理部门转制成立管理服务机构，以探索管理改革之路，因此，以下再介绍其他类型物业的管理。

3.1　特种物业的管理与服务

3.1.1　特种物业的类别

对于特种物业，我们可以把它划分为八大类：

（1）文化类物业

具体指学校、图书馆、博物馆、文化馆、青少年活动中心（青年宫、少年宫）、展示厅、展览馆等。

（2）体育类物业

包括体育场馆、健身房、武术馆、游泳馆、保龄球馆、乒乓球馆、网球场、高尔夫球场等。

（3）传媒类物业

包括电台、电视台、电视塔、音像影视制作基地等。

（4）卫生类物业

包括医院、卫生所、疗养院、药检所、敬老院、殡仪馆等。

（5）餐饮类物业

包括宾馆、旅店、酒楼、饭店、咖啡屋、茶坊、酒吧、啤酒屋等。

（6）交通类物业

包括车站、码头、机场、停车场、隧道、桥梁等。

（7）娱乐类物业

包括影视院、剧场、游乐场、夜总会、度假村等。

（8）宗教类物业

包括庙观、教堂、宗祠等。

3.1.2 特种物业与一般物业的差别

（1）服务对象不同

特种物业与一般物业相比，服务对象有很大区别，就是特种物业彼此之间也存在着服务对象不同的问题。因此就决定了在进行物业管理时的管理重点要有不同。从服务对象上看，首先具有年龄上的差别；其次，是滞留时间长短的差别；还有文化、性格、兴趣、信仰等方面的差别。例如：宾馆、饭店除了少部分包间外，其余绝大部分都滞留时间较短，其规模和规格差别也甚大，能供不同需求的顾客选择使用；学校则是青少年集中的场所，他们动作幅度较大，行动敏捷，建筑物和设备设施的坚固性、耐久性、安全性要求就高；影视院、剧场、游乐场、车站、码头、机场等人流量大，滞留时间短，安全和消防工作特别重要，要设置相应的集散口，增加饮料供应等配套服务。

（2）服务要求不同

特种物业普遍要求环境幽静、灯光柔和、标识明显；医疗卫生场所应保持通风良好和配置足够的座椅。有特殊要求的场所应按规定严格执行，如娱乐场所包括电子游戏机房、舞厅、KTV包房等的年龄限制、面积限制；医院住院部的探视时间的限制；影视院、医院、图书馆、博物馆等区域的吸烟限制等。此外，分区标识要醒目。

（3）管理要求不同

对于这些特种物业必须做好防火、防盗、防潮、防尘、防虫、防鼠、防有害气体等工作，图书馆、博物馆等尤为重要。对于医院的化疗、放射性工作室等也应做好防护测定和配置警示标识。

（4）不同的经费来源

凡属营业性的，如舞厅、娱乐厅、健身房等可采取自负盈亏的方式实施管理。半营业性、半公益性的如疗养院、卫生所等基本上由主管部门补贴。凡属公益性的，如学校，原则上依靠财政拨款，现在也招收一部分自费生。图书馆基本上依靠财政拨款，同时开展复印、翻译、展览等服务，但此项收入甚少。

总之，特种物业的种类繁多，他们各有其特点，在实施物业管理时可参照相关的管理方法，形成符合自身特点的管理模式。

3.2 智能建筑的物业管理

3.2.1 智能建筑的概述

随着人类科学技术和生产力的发展，智能建筑正在逐年增加，发展异常迅速。智能建筑大多数都是办公楼宇、商业楼宇、医院、图书馆、博物馆、展览馆、体育场馆等非住宅用的物业。但近几年来，智能建筑也在高级住宅中得到发展。

智能建筑一词，是于1984年由美国首次提出来的，其后便得到了迅速发展，以美国和日本居多。日本第一座智能化大厦是在1985年建成的本田青山大楼。到目前为止，美国自20世纪90年代以来新建和改建的办公大楼约70%为智能建筑。在美国智能大厦的数量已超过万幢，并成立了全球性的智能建筑协会；日本在过去的10年里，已完成8000万平方米的智能建筑，新加坡政府也计划花12亿美元，把全岛建成"光纤智能化苑"；韩国也将准备用47亿美元，把本国建成"智能半岛"等等。我国的智能建筑也是起源于20世纪80年代末，但在近几年来才得到了发展，在北京、上海、广州等大城市相继兴建了具有一定水准的智能化楼宇，如北京的恒基中心、中国国际贸易大厦、现代盛世大厦，广州的中天广场，上海的久事复兴大厦、金茂大厦、证券大厦、东方明珠广播电视塔等。

3.2.2 智能建筑的定义

智能建筑总起来看是指具有通信自动化、办公自动化、楼宇设备自动化等功能，以及对这些系统实行集成管理的建筑物及建筑群。

3.2.3 智能建筑的构成要素

根据上面的定义，可以把智能建筑称为3A智能楼宇。智能建筑的构成要素如下：

（1）通信自动化（CA）

终端设备除了一般的电话机外，还有传真机、数字终端设备、个人计算机、数据库设备、主计算机等，进行文件传递、数据的传输和收集处理、信息的储存和检索等工作。并且有电脑话务员服务功能的程控交换机，有外来语言存储和通过信箱密码来提取留言的语言信箱。

（2）办公自动化（OA）

办公自动化系统由数据处理系统、通信系统、事务系统等三个系统组成。数据处理系统由个人计算机、办公计算机和终端三部分组成。其中个人计算机主要是进行重复计算或统计制表处理；办公计算机进行票据、报表处理和制成管理资料，终端和中央计算机相连。通信系统是由传真机、多功能电话和内部交换机三部分构成；事务系统则是由文字处理机、图像文件信息装置、多功能复印机构成。

（3）楼宇设备自动化（BA）

楼宇设备自动化是由以下几部分组成的：

1）自动消防系统

有报警、自动与手动灭火、防排烟、通讯、避难等与火灾相关的设备、设施。消防中心设有显示屏和控制台，显示屏包括火灾自动报警受信盘、紧急电话指示、自动喷洒水指示、消防水泵启停指示、自动喷洒水泵启停指示、气体灭火系统工作指示、消防电梯指示，及其他如航空障碍灯、疏散标志灯、应急电源等指示；控制台包括紧急广播、紧急电话、防火门关闭、排烟门开闭、紧急疏散口打开、空调闸栅开闭等。

2）保安监控系统

保安监控系统一般同楼宇设备管理电脑联网，由雷达、超声波、红外线装置的传感器触发报警信号和自动打印，并用监控电视系统进行跟踪录像。

3）电脑管理系统

对各种机电设备、消防和保安装置进行自动化管理和控制，对空调、给水排水、供电、变配电、照明、电梯、消防、闭路电视、广播音响、通信、防盗等进行全面监控，把原始数据进行收集、分类、运算、存储、检索、制表。

4）空气调节自动化

通过计算机控制，使空调区域保持设定的参数精度和在合适的范围内使空调减少能耗，并使空调设备安全运行和得到及时维护管理。

5）供暖系统

通过计算机控制，使供暖区域按照需要提供热量和在合适范围内节约能源。

6）电梯自动化系统

由一个电脑控制的群控制器和每台电梯的轿箱控制器、固态传动系统及信号装置组成，能根据客观状态选择客流程序进行调配，计算各轿箱对召唤的应答时间，使得乘客能够尽快等到电梯。

7）停车场管理系统

由计算机控制两组光电开关和地面埋设的感应线圈，使车辆检测器动作，以判别车辆的进出。

8）电力、供水、供热系统

通过各种检测原件和传感原件对电流、电压、频率、有功无功、电度量、功率周数等进行测量、记录，对给排水和供热系统的流量、温度、压力进行监控、测量、记录。

（4）结构化布线系统（PDS）

结构化布线系统是把整幢大楼的语言、通信、数据通信、多媒体通信融为一体。

（5）系统集成平台

系统集成平台是指对大楼的强电设备和弱电设备需要进行统一操作与管理，能在各子系统之间进行数据交流。

3.2.4 智能建筑物的物业管理的特点

智能建筑由于采用了高度的自动化装备和先进的信息通信与处理设备，能全面获取物业的环境、人流、业务、财务及设备运行状况等信息，有更加高效便捷的服务手段，所以在管理上更要科学规范、优质高效。其物业管理的特点如下：

（1）各种智能化设备系统的自动监控和集中远程管理

传统的设备管理只可能靠人工现场巡查、看护，而实行智能化管理只需在中央监控室便可了解各种设备的运行状况，调节设备的运行，并可根据设备自动报警信号显示故障区，迅速启用备用设备线路或及时到位抢修，确保大厦设备的正常运行。同时还可根据自动记录下来的设备状况信息自动安排维护、检修周期、电脑显示等。这种集中远程自动监控管理，极大地提高了设备的管理维护效率，确保了物业的正常使用和良好环境。

（2）保安、消防、停车管理高度自动化

配备完善智能系统的物业，可以实现保安、消防自动监控。如保安方面，可以用电视监控系统监控物业大堂、电梯、楼梯、走廊、出入口、停车场等重要部位，用红外探测系统探测有无非法越界进入物业区域的现象，并向中心监控室报警，用电子巡更系统记录保安巡视情况，门禁系统自动识别来人有无进入资格；消防方面，全套探测报警设备可以自动探测有无火灾苗头，自动报警，显示异常部位，管理人员可在中心监控室切断相关部位电源，启动防火灭火设备，指挥人员及时到位灭火救险；停车管理方面，智能化的停车收费系统可以做到自动识别月保还是临保车辆（通过感应车头标签），自动计时，收费放行。

（3）三表自动计量，各种收费一卡通

智能抄表系统可以免去人工挨家挨户上门抄表的繁琐，实现多表数据自动采集、传输、计费，配以一卡通系统又可以免去管理人员上门收费或用户到指定地点交费的不便，住户只需手持一卡便可通过刷卡交费。

（4）管理服务网络化、信息化

完善的计算机网络系统配置，使得物业管理服务与被服务双方的信息沟通更加便捷。物业公司可以快速查、记用户网上提出的服务要求（报修各种代办服务项目）与投诉，及时给予答复；可以在网上发布通知、公告，催交费用，催办有关事项，征集管理意见、建议，组织网上文娱活动等。这种物业信息化管理程度的提高，无疑会改变传统的管理服务方式，促进服务效率的提高。

（5）物业管理信息系统的应用

物业管理信息系统是能对物业管理各种事物进行信息处理（收集、存储、加工、传递等）、维护和使用，反映物业管理企业运行状况，辅助企业决策，促进企业实现规划目标，提高管理效率与质量的计算机应用系统。它是专门用于物业管理企业处理物业管理各种事务的专向管理信息系统。

实 训 课 题

1. 某居住小区实行封闭式管理，但在小区的公共场地常有乱招贴现象，而且在封闭式管理的楼内居然还有乱贴搬家、装修、送餐、美容等之类广告的现象。为此住户对物业管理公司的意见很大。如果你是该物业管理公司的经理，你该如何整治该小区，为住户们辟出一方净土呢？

2. 某高层楼宇实行封闭式管理，要求大堂护卫员查验所有进入大厦陌生访客的有效证件，并进行登记。然而在实际操作中，有些住户带友人上楼，因碍面子、怕麻烦，往往不愿予以配合，常常引起吵闹现象。如果你是这个物业管理公司该大楼的物业经理，碰到这样的事你该如何做？或你该教员工怎么做？

3. 周先生刚刚被其所在的物业管理公司调任到该市一大型购物中心做经理，该公司明确说明是由于对前任经理的不满意而调周先生前去任经理的，公司指望周先生能提高目前这个购物中心的竞争力，即能够吸引客户，提高租户的经营收入。如果你是周先生，你该如何做？请你列出具体的计划来。

思考题与习题

1. 解释名词：住宅小区、高级公寓、别墅、商业物业、智能建筑。
2. 小区物业管理的特点和内容是什么？
3. 物业管理公司如何管理好与居住物业业主或住户的关系？
4. 住宅小区有哪些功能与特点？
5. 高级公寓物业管理服务的特点和要求是什么？
6. 别墅区物业管理服务的特点和要求是什么？
7. 请你展望智能化住宅系统的发展趋势。

单元4 物业的专项管理

知识点：了解物业环境管理的内容，熟悉物业环境保洁管理的日常操作，掌握物业维修管理的内容，熟悉给水排水、消防、电梯、空调、供暖等设备的维护保养基本技术，了解程控交换机的维护管理。

教学目标：能正确进行物业环境污染防治及控制的基本操作，能正确进行物业环境绿化的日常技术管理，掌握给水排水、消防、电梯、空调、供暖等设备的维护保养基本程序方法。

课题1 物业环境管理

物业环境管理指物业管理公司通过执法检查、履约监督、制度建设和宣传教育，防止和控制已经发生和可能发生的物业环境污染。

1.1 物业环境管理概述

1.1.1 环境与物业环境

（1）环境：指围绕着人群的空间以及其中可以直接或间接影响人类生活和发展的各种因素的总和。

（2）物业环境：是城市环境的一部分，城市环境是城市范围内的大环境，物业环境则是指某个物业区域内的环境。

1.1.2 物业环境的分类

（1）生活居住环境：包括内部居住环境和外部居住环境。影响住宅内部居住环境和外部居住环境的因素见表4-1。

（2）办公环境：影响办公环境的因素包括内部居住环境中的（1）（办公室标准）、（2）（办公室类型）、（3）、（4）、（5）、（6）、（7）、（8）、（9）的部分或全部，外部居住环境中（3）、（4）、（5）、（6）、（7）、（8）、（9）、（10）、（11）的部分或全部，还有室内景观设备、办公设备、办公区域的治安状况、办公人员的思想文化素质、艺术修养及相互关系等。

（3）商业环境：包括内部居住环境中的（5）、（6）、（7）、（8）、（9）和外部居住环境中的（2）、（3）、（4）、（11）等内容的部分和全部，室内各种环境小品、商业设施等，以及商业从业人员的服务态度、服务水平等。

（4）生产环境：包括外部居住环境中（2）、（3）、（4）、（6）、（11）的部分或全部内容，还包括各种生产设施和条件等。

1.1.3 物业环境管理的措施

（1）建立环境管理机构：物业管理公司设置专门的环保机构，如环保处（科）具体负责环境管理工作。

影响住宅内部、外部居住环境因素 表 4-1

序号	居住环境	影 响 因 素	说 明
1	内部居住环境	(1)住宅标准	面积和质量标准
		(2)住宅类型	别墅、公寓、一般公房及高层等
		(3)隔音	居室上下、左右、前后的隔音,对电梯、管道及外部噪声的防护
		(4)隔热保温	夏天隔热,冬天保温
		(5)光照	自然采光和人工照明的状况
		(6)日照	室内获得太阳的直接照射
		(7)通风	自然通风
		(8)室内小气候	室内的气温、相对湿度和空气流动速度
		(9)室内空气量和二氧化碳含量	
2	外部居住环境	(1)居住密度	单位用地面积上居民和建筑的密集程度
		(2)公共建筑	为居民生活服务的各类建筑,如学校、医院
		(3)市政公共设施	为住宅区生活服务的设施,如道路、公共交通
		(4)绿化	指绿地面积和绿化种植
		(5)室外庭院和各类活动场所	住户独用的室外庭院和公共使用的生活用地、儿童老年人活动用地
		(6)室外环境小品	建筑小品、装饰小品、公共小设施等
		(7)大气环境	空气中有害物质的浓度和气味等
		(8)声(视)环境	噪声强度和住户相互视线的干扰程度
		(9)小气候环境	住宅区内的气温、日照、防晒、通风或防风等情况
		(10)邻里和社会环境	住宅区内的社会风尚、治安、邻里关系、居民的文化水平和艺术修养
		(11)环境卫生	住宅区内的清洁情况

(2) 抓好环境污染的治理工作:城市环境问题涉及两个方面,一方面是不让自然环境变坏,另一方面是使自然环境更好。因此,环境的治理也包含两个方面,即防与治,预防为主,治理为辅。

(3) 认真清理物业区内的违章搭建:违章搭建是对整个物业区和谐环境的破坏,它既有碍观瞻,又影响人们的日常生活,还可能带来交通事故等问题。因此,物业管理部门一定要认真做好清理违章搭建的工作。

(4) 加强市政公用设施管理:物业区生活、办公服务的市政公共设施是物业区的一个重要组成部分,一旦遭到损坏,便会影响人们的正常生活和工作。因此,必须加强市政公用设施的管理。

(5) 努力建设新型的人文环境:新型的人文环境应该是和睦共处、互帮互助的生活环境,互利互惠、温馨文明的商业环境,和谐轻松、安全文明的工作环境,这有助于提高人们的工作效率和生活质量。

(6) 建设各类环境小品:环境小品内容十分广泛,主要有功能性环境小品、装饰性环境小品和分隔空间环境小品,它们有方便使用、美化环境、组织空间等特点。

1.2 物业环境管理的内容

1.2.1 大气污染与防治

（1）大气污染的原因

1）以煤炭为能源燃料，排放过多的烟尘、二氧化硫和二氧化碳等。

2）使用燃油型机动车辆，超量排放尾气。

3）强紫外线照射形成光化学烟雾污染。

4）不当燃烧和燃放烟花爆竹等。

5）基建工地扬尘、物业维修和装修造成尘烟污染。

（2）大气污染防治的途径

1）教育住户和生产单位改变能源结构。

2）平整和硬化地面。

3）严禁在物业管区内焚烧会产生有毒有害气体和恶臭气体的物质。

4）严格控制管区内工厂向大气排放含有毒物质的废气和粉尘。

5）加强车辆管理，限制机动车辆驶入管区。

6）实施开墙造绿、立体建绿、屋顶（阳台）植绿、见缝插绿、严格管绿等措施。

1.2.2 水体污染与防治

（1）水体污染源的种类和产生原因，见表4-2。

水体污染源的种类和产生原因　　　　　　　　　　　　　表4-2

序号	种　类	产生原因
1	病原体污染物	生活污水、医院、饲养场、食品加工等排出的废水中常会有各种病体，如病菌、寄生虫
2	需氧物质污染物	生活污水、饮食服务、食品加工等排出的废水中，含有需氧的物质
3	有毒化学物质	第一类是重金属，第二类是酚和氰，第三类是有机氯化合物
4	其他污染物质	酸性和碱性物质、盐类石油、放射性物质以及热力等

（2）水体污染防治的途径

1）加强污水排放的控制，以制度和管理控制随意排污和超标准排污现象。

2）在物业区域的沟壑、池塘内饲养水草，增强水体自我净化能力。

3）加强生活饮用水二次供水卫生管理。为此，物业管理企业必须履行下列职责：

A. 指定专人负责二次供水设施的具体管理。

B. 保证使用的各种净水、除垢、消毒材料符合《生活饮用水卫生标准》。

C. 每年度至少清洗水箱两次，并建立档案。

D. 根据净水效果及时更换或者维护净水设施。

E. 配合卫生防疫机构抽检水样，每半年对二次供水的水质检测一次。

F. 保持设施周围环境清洁。

G. 采取必要的安全防检措施，对水箱加盖加锁。

H. 对直接从事二次供水设施清洗消毒的工作人员，必须每年体检一次，取得卫生行政部门统一发放的健康合格证方可上岗。

I. 禁止任何人毁坏二次供水设施或污染二次供水水质的行为。

（3）防治水污染的技术措施，见表4-3。

防治水污染的技术措施 表 4-3

序号	技术措施	具体方法	说　　明
1	污水三级处理技术	污水一级处理	将污水中悬浮性固体物通过物理的沉淀、漂选、过滤等方法,初步净化水中过浓的有毒、有害物质
		污水二级处理	在一级处理基础上,利用生化作用原理对污水进行深层次处理,使水质进一步净化
		污水三级处理	利用生物脱氧蒸发冷却等方法对污水进行更深层次处理和净化,使达到利用标准,常用物理、化学、生物三种方法
2	物理、化学、生物处理技术	物理法	用物理原理分离污水中悬浮状态的物质,达到净化水质目的
		化学法	用化学反应原理分离、回收污水中的污染物或改变污染物性质,使水质净化
		生物法	用各种微生物将污水中有机物分解转化为无机物,达到净化水质目的

1.2.3　固体废弃物的污染与防治

（1）固体废弃物污染的产生

固体废弃物是人们生活和生产中扔弃的固态、半固态或泥态物质,按来源和管理要求可分为工业型和生活型两大类。

（2）固体废弃物污染的防治

1）全过程管理。即固体废弃物的防治必须贯穿产生、排放、收集、输出、贮存、综合利用、处理到最终处置的全过程进行管理,对各个环节都实行控制和监督管理,提出防治要求,并负有专业化管理的职责。

2）实行三化。即固体废弃物的减量化、资源化、无害化。

3）集中防治与分散防治相结合。在物业辖区中,集中防治是物业管理单位的职责,如建立生活垃圾压缩收集站;分散防治是业主和使用人应尽的义务,如业主和使用人将生活垃圾分类袋装。

（3）防治城市生活垃圾污染的有关规定

1）任何单位和个人应按当地环卫部门规定的地点、时间和有关要求排放、倾倒生活垃圾,不得擅自乱倒或裸露堆放。

2）垃圾箱（桶）等设施的设置应与生活垃圾量相适应,有密封、防蝇、防污水外流等防污染设施。

3）生活垃圾应及时清扫收集,统一运输和处理,做到日产日清,防止一次污染和二次污染。

4）生活垃圾应实行分类收集,逐步实现三化。

5）重量超过5kg、体积超过$0.2m^3$或长度超过1m的旧家具、办公用具、废旧电器和包装箱等大件垃圾,应按管理部门规定的时间放在指定的收集场所,不得随意投放。

6）医疗垃圾、放射性垃圾、传染病人垃圾和动物尸体等有害垃圾,以及单位和个人在翻建、改建或装修房屋时产生的渣土垃圾,应按有关规定处理,不得混入生活垃圾中。

7）贯彻谁产生生活垃圾和废弃物,由谁承担相应义务的原则。

（4）固体废物的处理方法和技术

1）工业垃圾、建筑垃圾和城市生活垃圾的处理方法和技术有：一般堆存法、围隔堆存法、填埋法、焚烧法和生物降解法。

2）固体废弃物回收利用的方法和技术有：利用工业废渣作建筑材料、回收固体废物中可用资源和能源、利用固体废弃物作农业肥料。

3）防止塑料薄膜、塑料制品污染的处理方法和技术有：加强可降解的绿色塑料研制工作，推广使用无污染的绿色塑料；支持和鼓励生产、使用纸制、麻制等可降解的包装和替代品。

1.2.4 噪声污染与防治

（1）噪声与噪声污染

1）噪声指那些人们不需要的、令人生厌的、对人类生活和工作有妨碍的声音。

2）噪声污染指人类活动排放的环境噪声超过国家规定的分贝标准，妨碍人们工作、学习、生活和其他正常活动。

3）我国《城市区域环境噪声标准》规定：

A. 一般居住区和文教区的昼间噪声标准是 50 分贝，夜间为 40 分贝。

B. 工业集中区昼间为 65 分贝，夜间为 55 分贝。

C. 一般认为，40 分贝是正常的环境噪声，是噪声的卫生标准，住宅小区、办公室等应维持在这个水平。

（2）噪声污染的产生与控制，见表 4-4。

噪声污染的产生与控制　　　　　　　　　　　　　　　　　　表 4-4

序号	噪声污染的产生	噪声污染的控制
1	车辆交通噪声	限制车辆进入物业区域
2	建筑施工噪声	禁止在夜间规定不得作业的时间内从事施工作业
3	社会生活噪声	加强精神文明教育，制定管理办法

（3）防止噪声污染的技术措施，见表 4-5。

防止噪声污染的技术措施　　　　　　　　　　　　　　　　　　表 4-5

序号	技 术 措 施	具 体 手 段
1	声源控制技术	（1）改进设备结构，提高机械设备、运输工具部件加工精度和装配质量，减少部件振动摩擦而产生的噪声量 （2）采用吸声、隔声、减振技术
2	噪声传播途径控制技术	（1）采用技术控制噪声传播方向 （2）设置隔声屏障，采用隔声墙、隔声罩阻挡噪声传播 （3）采用吸声材料和吸声技术设备减少噪声传播
3	接收者的防护技术	佩戴护耳器，如耳塞、耳罩等

1.3 物业环境的保洁管理

1.3.1 保洁管理概述

保洁管理指物业管理企业通过宣传教育、直接监督和日常清洁工作，保护物业环境，防治环境污染，定时、定点、定人进行日常生活垃圾的分类收集、处理和清运。

（1）保洁管理的实施原则为：扫防结合，以防为主；执法必严，直接监督。

（2）保洁管理制度建设：是保洁管理工作得以顺利进行的保证。必须做到以下几点：

1）明确要求。如处理生活垃圾由专人负责，日产日清。

2）规定标准。物业环境保洁标准应做到七净、六无。

3）计划安排。制定出清扫保洁工作日、周、月、季、年的计划安排。

4）定期检查。将日、周、月、季、年清扫保洁工作的具体内容用记录报表的形式固定下来，以便布置工作和定期检查。

（3）保洁管理的工作范围

1）物业辖区内（或大厦周围）的道路、空地、绿地等公共环境。

2）楼宇从一层到顶层屋面（包括楼梯、电梯间、大厅、天台等）的公共部位。

3）物业辖区（或大厦）垃圾的收集、分类和清仓。

1.3.2 保洁机构的设置与岗位职责

（1）机构设置：保洁管理由物业管理公司保洁部执行，机构设置应根据所管物业的类型、布局、区域大小不同而灵活设置。如设置一个公共卫生清洁班，或保洁部下设楼宇清洁服务班（组）、公共区域清洁班（组）、高空外墙清洁班（组）。

（2）保洁部各级人员职责，见表4-6。

保洁部各级人员职责 表 4-6

序号	人 员	工 作 职 责
1	部门经理	(1)根据公司管理目标,组织各项清洁服务的具体工作; (2)经常检查督促各区域清洁任务的完成情况; (3)接洽各种清洁服务业务,为公司创收; (4)定期向公司总经理汇报工作; (5)经常进行巡视抽查,发现卫生死角及时解决
2	领班	(1)指挥下属员工分区域进行清洁卫生; (2)检查员工出勤情况,如当天有缺勤,及时安排补位清洁; (3)检查员工所管范围清洁情况,并进行当班考核; (4)检查清洁工具、设备保养情况,及时做好清洁器具、公共区域的水电、照明等器材的采购和维修; (5)编制使用保洁用品、物料计划,控制清洁卫生成本
3	保洁员	(1)遵守《员工手册》,着装上岗; (2)服从安排,按规定标准和操作程序保质保量地完成职责范围内的清洁任务; (3)做好区域内的保洁工作
4	技术员	(1)配合经理拟定清扫保洁工作的实施方案; (2)对专用清洁设备进行使用指导; (3)随时检查,保养清洁用具和机械设备; (4)检查督促分管的保洁区域和项目; (5)经理交办的其他工作
5	仓库保管员	(1)严格遵守《员工守则》和各项规章制度,服从主管的工作安排; (2)认真做好仓库的安全、整洁工作,按时到岗,经常巡视打扫,合理地堆放货物,发现问题及时上报; (3)负责清洁工具和用品的收发工作,严格执行收发手续,对手续欠妥者一律拒发; (4)严禁私自借用工具和用品; (5)做好月底盘点工作,及时做出月末库存报主管; (6)做好月清洁物料库存采购计划,提前呈报主管

1.3.3 保洁管理工作实施要求

（1）清洁卫生工作标准，见表4-7。

表4-7

清洁卫生工作标准

序号	标 准	内 容
1	五定	定人、定地点、定时间、定任务、定质量
2	六无	无垃圾污物、无人畜粪便、无砖瓦石块、无碎纸皮核、无明显粪迹和浮土、无污水脏物
3	七净	路面净、路沿净、人行道净、雨（污）水井口净、树根净、电线杆根净、墙根净

（2）保洁管理工作应制定出每日管理、每周管理和每月管理要求，以便实施和检查。

1）每日清洁要求，见表4-8。

表4-8

每日清洁要求

物业对象	清洁部位、区域（内容）	清洁方式	清洁次数	项数
小区（含高层楼宇）	指定区域内道路（含人行道）	清扫	2	1
	指定区域内绿化带（含附属物）	清扫	1	2
	住宅各层楼梯（含扶手）、过道	清扫、抹擦	1	3
	住户生活垃圾、垃圾箱内垃圾	收集、清除、集送	2	4
	电梯门、地板及周身	清扫、抹擦	2	5
	楼梯扶手、电梯扶手、两侧护板、踏脚	清扫、抹擦	2	6
	男女卫生间	拖抹、冲洗、抹擦	3	7
	会议室、商场等	清扫、抹擦	2~4	8

2）每周清洁要求，见表4-9。

表4-9

每周清洁要求

物业对象	清洁部位、区域（内容）	清洁方式	清洁次数	项数
小区（含高层楼宇）	天台、天井	清扫	1	1
	各层公共走廊	拖洗	1	2
	用户信箱	抹擦	1	3
	电梯表面保护膜	涂上	1	4
	手扶电梯打蜡	涂上	1	5
	公用部位窗户、空调风口百叶（高层）	抹擦、打扫	1	6
	地台表面	拖擦	2	7
	储物室、公用房间	清扫	1	8

3）每月清洁要求，见表4-10。

表4-10

每月清洁要求

物业对象	清洁部位、区域（内容）	清洁方式	清洁次数	项数
小区（含高层楼宇）	公用部位天花板、四周墙体	清扫	1	1
	公用部位窗户	抹擦	1	2
	公用电灯灯罩、灯饰	抹擦	1	3
	地台表面打蜡	涂上	1	4
	卫生间抽气扇	抹擦	2	5
	地毯	清洁	0.5	6

4）清洁工作记录周报表，见表4-11。

清洁工作记录周报表　　　　　　表4-11

每日工作项目	星期日	星期一	星期二	星期三	星期四	星期五	星期六	备注事项
1. 收集和清理楼宇内垃圾								
2. 清扫和拖抹大厅								
3. 打扫和拖抹各层楼梯和扶手								
4. 打扫和拖抹各层电梯大堂								
5. 清抹信箱和大厅的门								
6. 清抹电梯、轿箱、门								
7. 打扫停车场和通道、绿化带								
8. 清扫道路(含人行道)								
9. 打扫天台和沟渠								
当值管理员签署								

注：请在做妥项目格内加（√）号。

_____领班签章　　　　　　　　　_____管理处分管负责人签章

1.3.4 保洁管理操作示例

下面以某商厦的保洁管理操作为实例。

（1）商场保洁机构设置如图4-1所示。

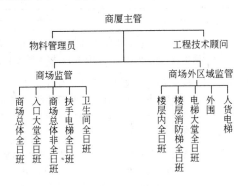

图4-1　商场保洁机构设置

（2）各级人员设置和职责范围，见表4-12。

各级人员设置和职责范围　　　　　　表4-12

区　域	职别	名额	职责和范围
商厦	商厦主管	1人	代表乙方公司实行对商场日常清洁管理工作,负责处理甲方和顾客的清洁投诉,对甲乙双方公司负责
	物料员	1人	负责商厦日常清洁工作所需工具、机械、物料的出入和保管工作,对乙方公司负责
	技术顾问(兼职)	1人	负责商厦总体清洁技术处理,如不锈钢保养、玻璃养护、地台打蜡及检查、督促工作,对乙方公司负责
	商场监管(兼职)	1人	负责商场内部清洁管理工作和人员调配,处理有关商场内的清洁投诉,对商厦主管负责

区 域	职别	名额	职责和范围
商场总体1～6层	保洁员	9人	负责商场内地面、玻璃镜面、不锈钢、天花板等日常清洁工作，并严格按照本区域内的清洁服务规定执行，对监管负责
扶手电梯	养护员	2人	负责商场内的电梯日常清洁保养工作，并严格按清洁服务常规执行，对监管负责
男女卫生间	保洁员	4人	负责商场内的男女卫生间日常清洁工作并严格按清洁服务常规执行，对监管负责
7～8层室内	保洁员	2人	负责本区域内的日常清洁工作和卫生间清洁处理，对监管负责
1～11层消防梯	保洁员	3人	负责清扫消防梯和收集每层垃圾，对监管负责
电梯大堂	保洁员	1人	负责电梯、大堂、地台推尘和保养工作，对监管负责
外围1～2层	保洁员	1人	负责1～2层外围清扫和日常清洁维护工作，对监管负责
人、货电梯	养护员	2人	负责电梯的日常保养、维护工作，对监管负责
商场入口大堂	保洁员	1人	负责大堂地台推尘、保养工作，对监管负责

（3）日常保洁使用机械、工具和物料，见表4-13。

日常保洁使用机械、工具和物料　　　　表4-13

序号	类 别	具 体 种 类
1	清洁机械	升降工作台、长铝梯、吸尘磨光机、干泡地毯机、喷射地毯抽油机、洗地机、吸水机、吸尘机、吹干机、伸缩杆、榨水器连车架、扶手电梯修理机
2	清洁工具和用品	玻璃涂水器、玻璃水刮、快洁布刷、玻璃铲刀、清洁毛刷、小喷壶、清洁地拖、清洁扫把、电源线及插板、灭虫喷雾器、工作指示牌、洁厕刷、清洁工作车、清洁水桶、手动喷枪、黑色起蜡垫、喷蜡垫、抛光垫、地毯纤维垫、高速抛光垫、垃圾收集、垃圾袋、厕纸
3	清洁材料	高级去污粉、地毯清洁剂、万能起渍剂、全能玻璃清洁剂、洁厕剂、空气清新剂、不锈钢清洁剂、不锈钢保护油、灯饰清洁剂、地台底蜡、地台面蜡、推尘剂、卫生球、磨光蜡、洁具消毒水、杀菌防臭剂、地毯化泡剂、酸性洗剂

（4）保洁服务内容和要求，见表4-14。

保洁服务内容和要求　　　　表4-14

清洁范围	清 洁 内 容	清洁要求	备 注
商场总体服务	清理商场内的所有垃圾	每天4次	
	收集及清理所有垃圾箱、烟灰盅和花槽内的垃圾	每天4次	
	清洁垃圾箱、烟灰盅花槽内外表面	每天4次	
	清洁所有告示牌窗橱和指示牌	每天2次	
	清洁所有花盆和植物	每天2次	
	清洁所有出口大门	每天4次	
	清除所有手印和污渍，包括楼梯墙壁、防烟门	每天2次	

清洁范围	清洁内容	清洁要求	备注
商场总体服务	清洁所有扶手、栏杆和玻璃表面	每天4次	
	清洁所有通风窗口	每天2次	
	打扫空调风口百叶和照明灯片	每周2次	
	拖擦地台表面,包括花岗岩(大理石)等	每周2次	
	清洁所有房间、储物室、办公室	每周1次	
	全部地台表面打蜡	每月1次	
	全部地毯清洗	每2月1次	
	抹净积聚尘埃,包括灯箱、灯罩和空调风口	每月2次	
	清洁所有楼梯、走廊和窗户	每周1次	
	清洗所有灯饰	每2月1次	
	擦抹所有柜台、货架	每天1次	
扶手电梯	抹净扶手带表面和两旁安全板	每天4次	
	踏脚板、梯级表面吸尘	每天2次	
	扶手带和两旁安全板表面打蜡		
男女卫生间	抹净所有门		
	抹、冲及洗净所有洗手间设备		
	抹净抽气扇		
	抹净所有洗手间设备		
	抹净地台表面		
	天花板和照明设备表面除尘		
	更换厕纸、毛巾、肥皂和清洁液		
	清理卫生桶脏物		
人行楼梯	扫净和拖抹所有楼梯		
	抹净扶手和栏杆		
	洗擦扶手和栏杆		
	洗擦和磨光楼梯表面		
入口大堂	扫净和拖抹大堂入口地台和梯级	每天2次	
	抹净入口大堂内墙壁表面	每天1次	
	抹净入口大堂内所有玻璃门窗和装备	每天2次	
	抹净天花板尘埃	每天1次	
电梯	扫净和清擦电梯门表面	每天2次	
	抹净电梯内壁、门和指示板	每天2次	
	电梯天花板表面除尘	每天1次	
	电梯门缝吸尘	每天1次	
	电梯通风口和照明灯	每天1次	
	电梯表面涂上保护膜	每周1次	
	清理电梯槽底垃圾	遇有需要时	

清洁范围	清 洁 内 容	清洁要求	备 注
电梯大堂、防烟大堂和走廊	拖抹地台表面	每天 2 次	
	抹净防烟大堂和防烟门表面	每天 1 次	
	走廊位置清洗和抹光	每月 2 次	
天台	清理积聚于天台的垃圾，避免渠道阻塞	每天 1 次	
	抹净天台大门表面	每天 1 次	
地台起渍打蜡	商场地方	每季 1 次	
	公共地方	每季 1 次	
	写字楼	每季 1 次	

1.4 物业环境的绿化管理

1.4.1 绿化管理机构的设置与职责

（1）绿化管理机构的设置：应根据实际，设专门部门（绿化科），也可与清洁部门合并。绿化部门一般可设立养护组，如果需要也可设花圃组和服务组。如图 4-2 所示。

图 4-2 物业环境绿化管理机构

（2）绿化管理机构人员的职责见表 4-15。

绿化管理人员的职责　　　　　　　　　　　　　　表 4-15

序号	人 员	岗 位 职 责
1	绿化部门经理	（1）负责绿化部门全面工作，制定绿化工作规划； （2）检查、督促和考核下级的工作； （3）组织有关人员养护苗木； （4）主持、组织员工进行技术培训
2	绿化技术人员	（1）主持部门内的技术培训、管理指导工作； （2）负责制定绿化技术管理规定和措施； （3）负责绿化管理员工培训的实施； （4）负责绿化种植、养护、管理的技术指导； （5）负责对外有关绿化经营的技术业务工作
3	养护管理人员	（1）全面负责区域内花木、绿地的养护和管理； （2）对损坏花木、践踏草坪者进行教育，情节严重的按规定给予处罚； （3）妥善保管、使用各种工具、肥料和药品等

1.4.2 绿化养护管理

（1）绿化养护管理的质量要求和考核标准

1）绿化养护管理的质量要求，见表 4-16。

绿化养护管理的质量要求

表 4-16

序号	项 目	质 量 要 求	序号	项 目	质 量 要 求
1	树木	生长茂盛无枯枝	4	花坛	土壤疏松无垃圾
2	树形	美观完整无倾斜	5	草坪	平整清洁无杂草
3	绿篱	修理整齐无缺枝			

2) 绿化养护工作检验标准和方法,见表 4-17。

绿化养护工作检验标准和办法

表 4-17

分类	序号	项目	标 准	检查方法	频率
浇水抗旱	1	树木草地	冬季早晚不浇水,夏季中午不浇水,浇水时不遗漏,浇水透土深度为:树木 3cm,草地 2cm,无倒死、早枯现象	抽查 5 处	2 次/周(雨后泥土湿度大除外)
	2	花卉树苗	泥土不染花叶,土不压苗心,水不冲倒树苗	目视,全面检查	2 次/日
施肥	1	乔木灌木	采用穴施或沟施,施肥、浇水及时,覆土平整,肥料不露出土面	目视检查	4 次/年
	2	草地	播施或喷施,不伤花草	目视检查	1 次/年
	3	花卉	保证基肥,追施化肥,少量多次,不伤花草	目视检查	视长势而定
修剪	1	乔木	无拓枝、树木阻碍车辆和行人通过,主枝分布均匀	目视,抽检	2 次/年
	2	灌木	成型、整齐,新长枝不超过 30cm	目视,抽检 3 处	5 次/年以上
	3	绿篱	成型、造型美观,新长枝不超过 30cm	目视,抽检 5 处	6~8 次/年
	4	草坪	路牙、井口、水沟、散水坡边整齐、草坪目视平整	目视,抽检	2~3 次/年
防病治虫日常养护	1	中耕除草	无明显杂草,草地纯度在 90%以上,树木底下土面层不板结,透气良好	抽查草地 50m 内 3 处,取平均值	施肥前和下暴雨后进行松土,全年不少于 6 次
	2	补栽补种	无明显黄土裸露、最大裸露块在 0.4m 以下,裸露面积在总面积的 1/2 以下,缺株在 0.5 株以下	抽检 5 处,汇总计算	按树木花草的栽种季节补栽补种
	3	防风、排涝,巡视看管	暴风雨过后 12 小时,草地无 1m 以上的积水,树木无倒斜、断枝、落叶在半天内处理	目视检查	1 次

(2) 居住区绿化管理规定

一般在居住区物业环境绿化管理工作中都要公布有关绿化管理方面的规定:

1) 爱护绿化,人人有责。

2) 不准损坏或攀摘花木。

3) 不准在树木上敲钉拉绳晾晒衣物。

4) 不准在树上和绿地内设置广告牌。

5）不准在绿地内违章搭建。

6）不准在绿地内堆放物品。

7）不准在绿地内倾倒污水或乱扔垃圾。

8）不准行人和各种车辆践踏、跨越和通过绿地。

9）不准损坏绿化的围栏设施和建筑小品。

10）凡人为造成绿化和设施损坏的，根据政府的有关规定和公共契约的有关条文进行赔偿和罚款处理；如属儿童所为，应由家长负责赔偿。

课题 2 物业维修管理

物业维修主要指物业房屋维修，是物业管理的基础工作。物业维修管理认真贯彻以防为主的方针，保持房屋完好。

2.1 物业维修管理概述

2.1.1 物业维修的概念

物业房屋维修有广义与狭义之分，狭义的房屋维修是指对房屋的养护和修缮；广义的房屋维修包括对房屋的养护、修缮和改建。

房屋从竣工交付使用后，由于人为磨损和自然力侵蚀，必然会损坏。为了延长房屋的使用年限，必须加强房屋的技术管理，经常、及时地对房屋进行维修养护。

2.1.2 导致物业房屋损坏的原因

导致物业房屋损坏的原因见表 4-18。

导致物业房屋损坏的原因 表 4-18

序号	损坏原因	说　　明
1	自然因素	由于房屋处于不同地区、不同方位、不同气候，自然界对其外部结构有老化、风化等侵蚀影响，特别是外露部分更易损坏
2	使用因素	主要是人们工作、生活使用活动所造成的损耗和工作生活用品荷载过重、撞击等，使房屋受损
3	生物因素	由于虫害（如白蚁、菌类）使建筑物构件断面减少、强度降低
4	地理因素	由于地基土质的差异引起的房屋不均匀沉降和地基碱化作用引起的房屋损坏
5	灾害因素	突发性的天灾人祸（洪水、火灾、地震、滑坡、台风、战争）造成的损坏

2.2 物业房屋完损等级评定

2.2.1 房屋完损等级标准

各类房屋完损等级标准是根据房屋的结构、装修和设备三部分各个项目的完好和损坏程度来划分的。根据部分或数量区分，将房屋完损状况分为完好标准、基本完好标准、一般损坏标准和严重损坏标准等四个等级标准。

2.2.2 房屋完损等级的分类

根据各类房屋的结构、装修和设备等组成部分的完好、损坏程度，房屋完损的等级可以分成五类，见表 4-19。

序号	类型	基 本 内 容
1	完好房	房屋的结构、装修、设备各部分完好无损,不需要修理或经过小修就具备正常的使用功能
2	基本完好房	房屋的结构、装修、设备和部分基本完好,或虽轻度损坏,但不影响正常使用,经过一般性的维修即可恢复使用功能
3	一般损坏房	房屋的结构、装修、设备各部分有一般性损坏,或局部性损坏,需要进行中修或局部大修,更换部件
4	严重损坏房	房屋年久失修,结构、装修各部分严重损坏或变形,已无法使用,需进行大修、翻新或改进
5	危险房	房屋承重构件已属危险构件,结构丧失稳定和承载能力,随时有倒塌的可能,不能确保使用安全

房屋完损等级分类 表 4-19

2.2.3 房屋完损等级的评定方法

房屋完损等级是根据房屋各个组成部分的完损程度进行综合评定的。

(1) 钢筋混凝土结构、混合结构和砖木结构房屋完损等级的评定方法:

1) 房屋的结构、装修、设备等组成部分各项的完损程度符合同一个完损标准,则该房屋的完损等级就是分项评定的完损程度。

2) 房屋的结构部分各项完损程度符合同一完损标准,在装修设备部分中有一、二项完损程度下降一个等级,其余各项仍和结构部分符合同一完损标准,则该房屋完损等级按结构部分的完损程度来确定。

3) 房屋结构部分中非承重墙或楼地面分项完损程度下降一个等级,在装修或设备部分中有一项完损程度下降一个等级,三个组成部分的其余各项都符合上一个等级以上的完损标准,则该房屋的完损等级可按上一个等级的完损程度来确定。

4) 房屋结构部分中地基基础、承重构件、屋面等项的完损程度符合同一个完损标准,其余各分项完损程度可高出一个等级,则该房屋完损等级可按地基基础、承重结构、屋面等项的完损程度来确定。

(2) 其他结构房屋是指竹、木、石结构等建造的简易房屋,完损等级评定有以下两种方法:

1) 房屋的结构、装修、设备等部分各项完损程度符合同一个完损标准,则该房屋的完损等级就是分项的完损程度。

2) 房屋的结构、装修、设备等部分绝大多数项目完损程度符合一个完损标准,有少量分项完损程度高出一个等级,则该房屋的完损等级按绝大多数分项的完损程度来确定。

(3) 房屋完损等级评定,见表 4-20。

2.3 房屋维修管理的内容

房屋维修管理的主要内容包括房屋安全与质量管理、房屋维修施工管理、房屋维修技术管理和房屋维修行政管理。

2.3.1 房屋安全与质量管理

(1) 房屋质量等级鉴定

房屋情况	完损标准分类	结构部分					装修部分					设备部分				评定等级
		地基基础	承重构件	非承重墙	屋面	楼地面	门窗	外抹灰	内抹灰	顶棚	细木装修	水卫	电照	暖气	特种设备	
幢号 产别 结构类别 建筑面积 现在用途	完好 基本完好 一般完好 严重损坏 危险															
附注																

1）房屋的质量等级指区分房屋完好或损坏的程度，也称房屋完损等级。

2）房屋的完损等级以建设部 1985 年制定并颁布执行的《房屋完损等级评定标准》为依据。

3）房屋的质量等级鉴定应按统一的标准、统一的项目、统一的方法，对现有整幢房屋进行综合性的完损等级鉴定。

4）房屋质量鉴定的任务是查清所管的现有房屋质量状况和分布，为房屋的管理、保养、修缮提供基本资料依据。

（2）房屋安全检查

房屋安全检查是房屋安全与质量管理的一个重要环节，基本任务是通过对房屋进行经常性检查，了解房屋完损状况，发现房屋存在的隐患，及时采取抢修加固和排除危险情况等措施。

（3）危险房屋管理

建设部 1990 年颁布了《城市危险房屋管理规定》，贯彻与落实此项规定，必须做好以下工作：

1）制定危房鉴定标准：这项工作技术性强、责任重大。危房可分为以下三种情况：

A. 整幢危房：指房屋结构大部分均有不同程度的损毁，已危及整幢房屋并随时有倒塌的可能，不能通过修复保证住用安全的房屋，且已无维修价值。

B. 局部危房：指房屋大部分结构尚好，只是局部构件受损，一旦发生事故，对整幢房屋无太大影响，并且只要排除局部危险就可继续安全使用。

C. 危险点：指房屋的某个承重构件或某项设施损坏，但对整体未构成直接威胁，一般可以通过维修排除险情。

2）建立健全危房鉴定机构：除政府有权威性的危险房屋的鉴定机构外，各物业管理企业也应设立房屋安全鉴定部门或指定专门技术人员负责此项工作。

3）危房处理措施

A. 观察使用：适用于采取技术措施后尚能短期使用，但需随时观察危险程度的房屋。

B. 处理使用：适用于采取适当技术措施后可解危的房屋。

C. 停止使用：适用于已无维修价值，又暂无条件拆除，但不危及相邻建筑和他人安全的房屋。

D. 整体拆除：适用于整幢危险且无维修价值，随时可能倒塌并危及他人生命财产安全的房屋。

2.3.2 物业房屋维修施工管理

物业房屋维修施工管理是指物业管理企业针对维修工程施工进行的计划、组织、指挥、调节和监督等管理工作。

(1) 维修施工队伍

1) 物业管理企业拥有维修养护队伍进行维修工程的施工。

2) 物业管理企业没有专门的维修队伍，要通过招标或承包方式把房屋的维修养护工作交给专业维修队伍完成。

(2) 维修施工组织与准备

维修施工组织与准备指维修工程开工前，为保证工程顺利开工而必须做好的有关各方在组织、技术、经济、劳力和物资等方面综合性的组织工作。维修工程应根据工程量大小和工程难易等具体情况分别编制施工组织设计（大型工程）、施工方案（一般工程）或施工说明（小型工程）。

(3) 维修施工的技术交底

在施工准备阶段，维修施工单位应熟悉维修设计或方案，参与房地产经营管理单位（物业公司）组织的技术交底和图纸会审，并在会审中就有关问题提出解决措施，作为施工的依据。

2.3.3 物业房屋维修技术管理

房屋维修技术管理指物业管理企业对房屋维修过程中的各个技术环节，按照国家技术标准进行的科学管理。其内容包括：

(1) 修缮设计（方案）的制定

1) 设计的要求

A. 修缮设计必须以房屋查勘鉴定为依据，并充分听取业主或使用人的意见，使方案更加合理、可行。

B. 根据修缮工程的情况，规模较小的工程可由经营管理单位组织技术力量自行设计，较大的工程的设计必须由具有设计资质证书的单位承担。

2) 方案内容

A. 房屋平面示意图，并注明地理位置及与周围建筑物的关系。

B. 应修项目（含改善要求）、数量、主要用料和旧料利用要求。

C. 工程预（概）算。

3) 方案必须具备的有关资料包括：批准的计划文件，技术鉴定书，城市规划部门的红线图，修建标准及使用功能要求，城市有关水、电、气等管线资料。

(2) 工程质量与施工安全管理

1) 工程质量管理：包括工程质量的控制、检查和验收。

2) 施工安全管理：必须加强对安全生产工作的管理，建立、健全安全生产管理制度，严格执行安全操作规程，确保安全施工。

(3) 房屋技术档案资料管理的基本任务是为房屋的管理、维修和使用提供必要的信息资料依据。

(4) 建立技术责任制：根据《房屋修缮技术管理规定》和《房屋修缮工程管理规定》，

房产经营管理单位应建立、健全技术责任制。大城市的房产经营管理单位和大型维修施工单位，应设置总工程师、主任工程师和技术负责人；中小城市的房产经营管理单位的技术岗位层次可适当降低。各级技术岗位的主要职责，参照上述两个《规定》中的内容执行。

2.4　物业房屋维修行政管理

（1）根据国家和地方有关法规规定，房屋维修是房屋所有人应当履行的责任。

（2）异产毗连房屋的维修，其所有人应依照《城市异产毗连房屋管理规定》承担责任。

（3）租赁私有房屋的维修由租赁双方依法约定承担维修责任。

（4）因使用不当或人为造成房屋损坏的，由行为人负责修复或给予赔偿。

（5）房屋维修时，该房屋的使用人和相邻人应当给予配合，不得借故阻碍房屋的维修。

（6）对于房屋所有人或者房屋维修责任人，因不及时维修房屋或者因他人阻碍有可能导致房屋发生危险的，房产管理部门可以依据有关规定采取排险解危的强制措施，费用由当事人承担。

2.5　房屋维修工程

2.5.1　房屋维修工程的分类

房屋维修工程可以分为五类，具体见表 4-21 所示。

房屋维修工程分类　　　　　　　　　　　　　　　　　　　　　表 4-21

序号	分类	内　涵
1	小修工程	指及时修复小损坏，综合平均费用为所管房屋现时总造价的 1% 以下，并以保持房屋原来完损等级为目的的预防性养护工程
2	中修工程	指房屋少量部位已损坏或已不符合建筑结构的要求，需局部维修，且一次费用在该建筑同类结构新建造价的 20% 以下，并保持原房屋规模和结构的工程
3	大修工程	指房屋主体结构的大部分严重损坏，需牵动或拆换部分主体结构和房屋设备，但不需全部拆除，一次费用在该建筑同类结构新建造价的 25% 以上的工程
4	翻修工程	指已失去维修价值需全部拆除，要另行设计，重新建造或利用少数主体构件进行更新改造的工程
5	综合维修工程	指成片多幢楼房或面积较大的单幢大楼进行有计划成片维修，费用控制在该片（幢）建筑物同类结构新建成造价的 20% 以上的工程

2.5.2　物业房屋维修工程技术经济指标

根据建设部颁发的《房地产经营、维修管理行业经济技术指标》规定，房屋维修工程经济技术指标见表 4-22。

序号	房屋经济技术指标	指标计算公式
1	房屋完好率 50%~60%	$\dfrac{完好房屋数量（建筑面积）+基本完好房屋数量（建筑面积）}{直管房屋总量（建筑面积）}$
2	年房屋完好增长率 2%~5%	$\dfrac{新增完好房屋数量（建筑面积）+新增基本完好房屋数量（建筑面积）}{直管房屋总量（建筑面积）}$
3	年房屋完好下降率不超过 2%	$\dfrac{原完好房屋和基本完好房屋下降为损坏房屋数量（建筑面积）}{直管房屋总量（建筑面积）}×100\%$
4	房屋维修工程量 100~150m²	$\dfrac{年综合维修数量（建筑面积）+年大、中修房屋数量（建筑面积）}{年全部维修人员平均人数}$［平方米/(人·年)］
5	维修人员劳动生产率 5000 元/(人·年)	$\dfrac{年综合维修工作量+年大中修工作量+年小修养护工作量}{年全部维修人平均人数+年参加本企业生产的非本企业人员平均人数}$［元/(人·年)］
6	大修、中修工程质量合格品率 100%	$\dfrac{报告期评定为合格品的单位工程数量之和（建筑面积）}{报告期验收鉴定的单位工程数量之和（建筑面积）}×100\%$
7	维修工程成本降低率 5%~8%	$\dfrac{维修工程成本降低额}{维修工程预算成本额}×100\%$
8	年职工负伤事故率小于 3‰	$\dfrac{全年发生的负伤事故人次}{全年全部职工平均人数}×1000‰$ $\dfrac{报告期发生的负伤事故人次}{报告期全部职工平均人数}×1000‰$
9	小修养护及时率 99%	$\dfrac{月(季)度全部管区实际小修养护次数}{月(季)度全部管区实际检验}×100\%$
10	租金用于房屋维修率不低于 60%~70%	$\dfrac{用于房屋维修金额}{年实际租金额}×100\%$
11	房屋租金收缴率	$\dfrac{当年实收租金额}{当年应收租金额}×100\%$
12	流动资金占用率小于 30%	$\dfrac{流动资金年平均余额}{年完成维修工作量}×100\%$
13	机械设备完好率 85%	$\dfrac{报告期制度台日数内完好台日数}{报告期制度台日数}×100\%$

课题 3 物业设备管理

物业设备是附属于房屋建筑的各类设备的总称。物业设备管理是指按照一定的科学管理方法、程序和技术管理要求，对各种房屋设备的日常运行和维修进行管理。物业设备管理既是物业管理工作的重要内容，也是物业功能正常发挥的有力保证。

物业管理企业工程部应注意对设备的日常保养，定期进行全面检查、及时维修、排除故障，保证设备的正常使用并延长使用寿命。

3.1 房屋给水排水系统维修管理

3.1.1 给水系统的管理与维护

建筑物给水方式有两种：一般平房和多层楼房均由城市供水管网供水；高层建筑则需二次供水。

（1）物业管理企业对给水系统的管理范围，各地市政部门有不同规定，一般居住小区供水设施的管理职责如下：

1）高层楼以楼内供水泵房总计费水表为界，多层楼以楼外自来水表为界。界限以外（含计费水表）的供水管线和设备由供水部门负责维护、管理；界限以内（含水表井）至用户的供水管线和设备由物业管理企业负责维护、管理。

2）供水管线和管线上设置的地下消防井、防火栓等消防设施，由供水部门负责维护、管理，公安消防部门负责监督检查；高、低层消防供水系统包括泵房、管道、室内消防栓等，由物业管理企业负责维修管理，并接受公安消防部门的监督检查。

（2）给水系统的管理

1）建立正常用水、供水管理制度。

2）定期进行水质化验，定期对水池水箱消毒，防止二次供水污染。

3）对供水系统管路、水泵、水箱、水表阀门等设备要进行经常性维护与定期检修。

4）节约用水，防止发生跑、冒、滴、漏等故障发生。

5）采用节水型水箱配件、节水龙头等。

（3）水泵管理制度

1）水泵房、地下水池、消防系统全部机电设备应由机电专业人员负责监控，定期检查、保养、维修、清洁，并认真做好记录。如遇解决不了的问题，应书面报告主管部门。

2）水泵房内机电设备的操作由机电组人员负责，无关人员不得进入水泵房。

3）生活泵、消防泵、恒压泵等在正常情况下，选择开关位置与自动位置，所有操作标志应简单明确。

4）生活供水泵应在规定时间内轮换使用，主接处应定期检查、擦洗。

5）消防泵按定期保养规定，每半年进行一次自动和手动操作检查，每年进行一次全面检查。

6）水泵房应每周打扫一次卫生，泵和管道每半个月清洗一次。

3.1.2 排水系统的管理与维护

（1）室内排水系统由物业管理企业维护管理。道路和市政排水设施管理职责如下：

1）以 3.5m 路宽为界，凡路宽在 3.5m（含 3.5m）以上的，道路和埋设在道路下的市政排水设施由市政工程管理部门负责维护、管理；路宽在 3.5m 以下的，由物业管理企业负责维护、管理。

2）居住小区各种地下设施的检查，井盖的维护、管理，由地下设施检查井的产权单位负责。

（2）排水系统的管理

1）定期对排水管道进行养护、清通。

2）教育住户不要把杂物投入下水管道，防止堵塞；若下水道堵塞，应及时疏通。

3）定期检查排水管道和节门等是否有生锈和渗漏等现象，发现隐患要及时处理。

4）室外排水沟渠应定期检查、清扫，清除淤泥和杂物。

3.1.3 卫生设备维修管理

卫生设备包括大便器、小便器、洗脸盆、拖布池和家具盆、淋浴器及澡盆等。

（1）大便器高低水箱的常见故障与维修方法见表4-23。

大便器高低水箱的常见故障与维修方法　　　　表4-23

序号	常见故障	产生原因	维修方法
1	不下水	天平架挑杆铁丝断	接好
		漂球定得过低	调到合适的高度
2	自泄	漂球失灵,漂杆腐蚀	换漂杆
		漂子门销子折断	修配销子
		漂球与漂杆连断裂	更换漂球,避免漂球与其他物相碰
		漂球浸在水中	调整漂杆
		漂杆定得过高	调到合适的高度
		漂子门不严	更换门芯胶皮或门芯
3	锁母漏水	高水箱不稳	固定高水箱
		填料失败	更换填料
4	哈风排水口漏	垫料失效	更换垫料
		垫料弹性不够	更换垫料
5	高水箱不稳	受外力撞击或拉绳用力大	更换铝垫或开脚螺栓,注意使用
6	高水箱损坏	有微细裂缝	用胶布外涂环氧树脂
		严重损坏	更换高水箱
7	冲洗管损坏	撞击或高水箱挪位	重新配管

（2）大便器的常见故障与维修方法见表4-24。

大便器的常见故障与维修方法　　　　表4-24

序号	常见故障	产生原因	维修方法
1	大便器堵塞、污水不流或流得很慢,楼板渗水	存水弯有堵塞物	用梯子或钩子钩
		排水管中有堵塞物	打开扫除口疏通
2	胶皮腕漏水,致使地面渗漏	胶皮腕或铜线腐蚀	刨开地面更换
		铜丝绑扎不良	刨开地面,重新绑扎
3	大便器有裂纹或破碎	重物撞击而有轻微裂纹	用水泥砂浆糊上
		严重碎裂	更换大便器
4	瓷存水弯损坏,不下水,有渗漏	堵塞时用木棍乱捅	刨开地面更换存水弯
5	坐便器摇动	地面木楔腐烂	更换新木楔
		固定螺钉腐烂	更新螺钉,重新固定好

（3）小便器的常见故障与维修方法见表 4-25。

小便器的常见故障与维修方法　　　　表 4-25

序号	常见故障	产生原因	维修方法
1	不下水	尿碱或异物堵塞存水弯	用揣子揣，如不见效可打开存水弯活接疏通冲洗
2	底部冒水	存水弯损坏	修存水弯
3	存水弯漏	承插口漏	更换、增加填料
		活接漏	更换垫料
		丝堵漏	卸下缠麻重上或更新
4	直角水门漏	皮垫或塑料芯损坏	更换
		阀体损坏，阀杆滑扣	更换新直角水门

（4）瓷脸盆的常见故障与维修方法见表 4-26。

瓷脸盆的常见故障与维修方法　　　　表 4-26

序号	常见故障	产生原因	维修方法
1	水嘴处漏水	盖母漏，销母漏，关不严	更换相应填料和垫料
2	排水栓漏水	根母松，托架不稳	拧紧根母或垫料，稳固托架
3	瓷脸盆损坏	有细小的裂缝	用防水胶粘剂补缝
		使用不当，严重损坏	更换脸盆
4	不下水	排水栓或存水弯堵塞	橡皮泵拔或疏通
5	存水弯排水管接口漏水	排水管道内有异物堵塞	疏通

3.2　房屋电气设备维修管理

3.2.1　电力系统的管理与维护

（1）建立各项设备档案

1）供电范围内各建筑物的构造方式、用电内容和主要要求。

2）供电方式、电压等级、用电容量、分配方案和配线方法。

3）电器平面图、系统图和原理图。

4）维修记录、运行记录、巡视记录和大修后的试验报告等事项记载。

5）正式使用后，各用户内的主要用电设备数量，容量和使用规律与负荷变动情况。

（2）供电设备的维护与保养

1）供电设备的维护范围需按照我国供电规则中规定的维护管理与产权分界点的划分原则来执行。

2）供电设备的维护分为日常巡视维护和定期检查保养两个方面。

3）应根据供电范围内的具体情况，参照供电部门的电气设备运行管理规定，定出固定的检查日期和内容，按照设备的使用频率和季节的不同，确定重点检查的项目。

（3）线路的常见故障及检修

1）断路：分相线和中性线断路两种，应换新线。

2）短路：指相线与相线、相线与中性线或相线与接地线之间短接的现象（即电阻等于或接近零），应换线或重新包扎。

3）接触不良：在正常使用中发现电压有较大的波动或者照明灯发光、发暗或忽明忽暗，应重新接线。

4）漏电：因电线老化、受潮、绝缘层损坏或者受环境破坏而造成电流泄漏，应予以修复或更换。

5）管子配线绝缘电阻的测量和换线：由于管子里的导线在长期不通风、散热极差的条件下工作，导线的绝缘层易粘连、变脆、老化，使导线绝缘电阻下降，应对管内导线进行更换。

3.2.2 避雷设施的维护

（1）建（构）筑物防雷等级的划分

1）一类建（构）筑物：存放爆炸物品，或经常有瓦斯、蒸汽、尘埃与空气的混合物因电火花而发生爆炸，致使建（构）筑物损坏或人员伤亡的建筑物。

2）二类建（构）筑物：凡储存大量易燃物品的房屋（构筑物），或具有重要政治意义的民用建筑物。

3）三类建筑物：凡不属于一、二类的范围，而需要作防雷保护的建筑物。

（2）防雷装置的组成

1）接闪器：也叫受雷装置，是接受雷电流的金属导体。接闪器是直接敷设在屋顶和房屋突出部分的金属条（圆钢或扁钢）。

2）引下线：又称引流器，是把雷电流由接闪器引到接地装置的导体，一般敷设在外墙面或暗敷设于混凝土柱内。

3）接地装置：是埋在地下的接地导体（即水平连接线）和垂直打入地内的接地体的总称，作用是把雷电流疏散到大地中去。

（3）避雷设施的维修和检测

1）接闪器应保持镀锌、涂漆完好。

2）引下线应保持镀锌、涂漆完好，在承受机械损伤的地方，地面上的 1.7～0.3m 处应加保护设施。

3）接地装置与道路、建筑物的主要入口的距离一般不得小于 3m。

4）避雷装置的检查包括外观巡查和测量。一般可用接地摇表来测量各类建筑物的防雷接地电阻是否符合要求。接地电阻的检测每三年进行一次；外观检查每年进行一次；雷雨后也应注意对防雷保护装置进行巡视。

3.2.3 电梯的管理与维护

（1）电梯管理的基本内容

1）根据电梯技术性能指标的要求，制定电梯安全运行和维修保养的规章制度。

2）电梯的运行和维修人员必须经培训后，持证上岗。

3）电梯的故障修理必须由经劳动部门审查认可的单位和人员承担。

4）重视和落实电梯的保修和安全年检工作。

5）坚持定期检查维护保养工作，建立健全电梯设备档案和修理记录。

6）电梯钥匙要有专人管理，停梯必须出告示。

7）电梯出现突发性事故，要先救护乘客，并通知电梯工修理。

8）做好电梯的耗电计量和收费工作。

9）保持机房、井道、轿厢的清洁和空气流通。

10）定人定时对轨道、门导轨进行清洁、加油润滑等。

（2）电梯工作制度

1）严格执行电梯设备的安全操作规程和巡回检查制度。

2）坚守工作岗位，值班时间不做与本岗位无关的事。

3）密切注视和掌握各机的运行动态；遇重大活动，要及时做好电梯的调度、管理工作，必要时可设置专用电梯。

4）按时完成设备的定期保养和维修工作。

5）认真学习专业知识，熟悉设备结构与性能，做到判断故障准确、处理迅速及时。

6）值勤班人员因违反制度或失职造成设备损坏，将追究其责任。

（3）电梯维修、保养操作规程

1）电梯停机保养时，首先应切断控制电源，确保安全。

2）电梯机房保持整洁，不得堆放杂物和易燃物品，采光通风良好，并配备必要的消防器材。

3）曳引电动机的外壳要擦拭干净，做到无油垢、无黄油、底盘无积油。

4）电梯控制屏用吹风器或漆刷轻掸，做到无灰尘；磁铁接触开关无锈蚀，无油垢，如有油垢用酒精棉花擦净。

5）井道底坑如有积水，必须先断电后排除；如有漏水、渗水情况，一定要修好，并将垃圾清除干净，保持底坑清洁。

6）轿箱内外、顶上、底下均需擦净，防止生锈腐蚀；应定期油漆，保持清洁、美观。

7）各层站厅门及地坎槽要经常清洁，门厅外要定期擦净，保持整洁卫生。

8）电梯检修或保养时必须挂告示牌，确认轿厢内无乘客后，方可停机。

9）在轿箱顶维修和保养时，除判断故障和调试需要外，禁止快车运行，工作时必须戴安全帽。

10）井底作业时，禁止关闭厅门（厅站留有人监视除外），厅门口必须设置告示牌，防止无关人员靠近。

11）电梯转动机械必须加油润滑，做到"五定"，即定点、定质、定量、定期、定人。

12）维修保养工作完成后，必须认真清理现场，清点工具和物品，切勿遗漏。

13）机房、井道因工作需要动火时，必须遵守大厦动火规定，办动火证，指定专人操作和监视，事后清理火种。

3.3 制冷、供暖系统维修管理

3.3.1 空调的管理与维护

（1）空调系统工作制度

1）空调工对当班空调系统运行负有全部责任。

2）严格执行各种设备的安全操作规程和巡回检查制度。

3）坚守工作岗位，任何时间都不得无人值班或擅自离岗，值班时间不得做与岗位无关的事。

4) 负责空调设备的日常保养和一般故障的检修。

5) 值班人员必须掌握设备运行的技术状况,发现问题立即报告,并及时处理,在工作日记上做好详细记录。

6) 值班人员因违反制度或失职造成设备损坏的,将追究其责任。

7) 熟悉设备结构、性能和系统情况,做到故障判断准确、处理及时。

(2) 空调冷水机组操作规程,见表4-27。

空调冷水机组操作规程 表 4-27

序号	操作步骤	具 体 操 作
1	准备工作	(1)检查冷水机组蒸发器进出水的阀是否全部开启; (2)检查冷水泵、冷却泵进出水阀是否全部开启; (3)检查分水管上的阀,根据楼层的空调需要决定开启或关闭; (4)检查回水总管两端的阀是否开启; (5)检查系统里的水压,以在规定范围内为准; (6)检查加热器,油温应大于 50t,并检查油位是否到位,电源电压、阀门位置是否正常; (7)启动手动油泵,运行时间不得少于 1 分钟,并密切注意蒸发器压力和油泵压力
2	机组启动	(1)观看控制屏,屏上要显示"机组准备启动"; (2)启用冷水塔、冷冻水泵,并要保持进出冷冻机冷却水的压差、进出冷冻机的冷冻压差; (3)若无问题,按键启动机组(注意电流变化状态),此时控制中心使机组处于运行状态,注意显示器上显示的信息,观察机组是否正常
3	机组运行	(1)机组运行时,应检查油泵指示灯是否亮着; (2)检查油泵显示的情况; (3)注意机组运转电流是否正常,风叶是否打开,把风叶换到自动控制档; (4)做好机组运行记录(冷水组状态每小时记录 1 次)
4	关机程序	(1)先停冷冻机组; (2)再停冷冻水泵、冷却水泵; (3)切断总电源

(3) 空调维修管理的基本内容

1) 熟悉设备的工作原理及操作方法,制定操作规程并严格执行。

2) 定期巡查、记录设备运转情况,使设备的润滑、水、制冷剂等保持在正常范围内。

3) 机组运行时,应注意观察仪表读数是否在正常范围内;如不正常,应及时调整,必要时可关机,以防发生事故。

4) 定期检查各风机、水泵的运转情况,检查有无杂音、振动、渗水情况,并定时加润滑油、定时检修。

5) 定期检查各风机、冷却塔皮带的松紧情况,磨损太大时应及时更换。

6) 做好耗电量的计量、记录和收费工作。

3.3.2 供暖设备的管理与维护

(1) 锅炉系统工作制度

1) 负责锅炉系统的安全运行和运行记录,根据各系统的设计和运行要求,对有关设备进行相应的调节。

2) 负责锅炉及其所属设备的维修保养和故障检修。

3) 严格执行各种设备的安全操作规程和巡回检查制度。

4) 坚守工作岗位，任何时间都不得无人值班或私自离岗。

5) 每天至少清洗水位计一次，排污一次，并认真做好水质处理和水质分析工作。

6) 勤检查、勤调节，使锅炉稳定工作，做好节能工作。

7) 认真学习技术，精益求精，不断提高运行管理水平。

(2) 锅炉操作规程，见表4-28。

锅炉操作规程
表 4-28

序号	操作步骤	具体操作规程
1	启动前检查	(1)检查所有的设备是否完好,如油泵、阀门等; (2)电源电压是否正常; (3)供水系统、供油泵系统的阀是否处于工作位置,锅炉本体仪表是否正常,水位计水位是否正常(1/3至1/2处); (4)泄爆门手动是否完好; (4)日用油箱是否有油; (5)除氧器水位、压力和温度,软水箱水位; (6)查看交接班记录
2	启动及运行	(1)锅炉及其设备送电; (2)打开烟道风门,并确认完全打开; (3)吹扫3～5分钟后点火,点火时负荷调节开关处于一级火位置; (4)在压力升至 2.0×10^5 Pa 时,应先向除氧器供气加热,并同时冲洗水位表,当压力升至所需的压力后方可向负载供汽; (5)供汽时首先排放分汽包凝结水,并缓缓打开主蒸汽阀,当分汽包压力与锅压平衡后,才可缓缓打开供汽阀; (6)并炉时,并炉炉压应小于运行炉压 $3 \times 10^4 \sim 5 \times 10^4$ Pa; (7)点火时应密切注意点火状态,如经二次点火仍点不起,应重新吹扫后进行第三次点火,火再点不起应停止点火,查找原因并排除故障; (8)运行时应密切注意炉膛火焰、水位计水位和锅炉压力表; (9)应密切注意除氧器压力、温度、水位、软水箱水位、日用油箱油位和其他运行设备的工作情况; (10)在油泵工作期间,应密切注意日用油箱间,防止溢油管溢油; (11)运行时一般不允许对带有压力、高温的设备进行维修;必须维修时应事先做好安全措施,并有人监护
3	停炉	(1)关闭供气阀、主蒸汽阀; (2)负荷调节开关调至一级火位置; (3)关闭燃烧控制开关,使其处于停止位置上; (4)水位表水位应处于 1/2 位置; (5)长时间停炉(5 小时以上)应关闭供水阀、进油阀、回油阀、回油网,但禁止关闭快门阀; (6)切断锅炉电源; (7)锅炉全部停止运行后,应切断油泵电源、软水泵电源、锅炉电源,禁止向除氧器进水
4	维修保养	(1)每日清扫、擦洗所有设备和工作场所,否则接班人员有权拒绝接班; (2)每班冲洗水位计一次; (3)每班定期排水一次; (4)每日定期搬运安全阀一次; (5)每班做炉火、软水和离子交换器化验一次,离子交换器水硬度≥0.02 时应 2～3 小时化验一次,当水硬度>0.025 时应再生; (6)凝结水排放管应每天日班排放一次,并检查水质清洁度,化验水指标; (7)每周检查给水过滤网、油过滤器、滤网一次; (8)对有跑、冒、滴、漏问题的阀门要及时修复; (9)对所有泵阀(软水、污水)、软水箱等附属设备进行年大修和清洗
5	注意事项	(1)若供油系统不完善,运行人员应时刻注意日用油箱液位控制器的工作状况和送排风机的工作状况; (2)无关人员未经许可不得进入锅炉房; (3)严禁在工作场所动用明火、吸烟; (4)排水沟内如有柴油流入,应用水冲洗干净,并用排污泵排净; (5)工作现场保持整洁

（3）锅炉维修管理的基本内容

1）定期检查、清理过滤器中积存的尘埃和杂物。

2）根据锅炉用水量定期清洗、保养，软化用水装置。

3）定期消除锅炉燃烧室和烟道的炭灰，防止积存过多。

4）每年停炉期间应对锅炉全面保养，彻底清除水垢和杂质，对安全阀、转动机械和附属设备进行检修。

5）做好设备耗电量的计量、记录和收费工作。

课题 4 物业通信管理

4.1 电话通讯设备管理

4.1.1 程控交换机的种类和组成

（1）新入网的用户程控交换机的品种主要有 HJB-800 型、HJB-256 型、西门子 HI-COM 型和飞利浦 SOPHO-S 型等。

（2）程控交换机的组成，见表 4-29。

程控交换机的组成   表 4-29

序号	组成	具体组成
1	硬件	（1）公共设备包括交换网络处理器（CPU）、收号器、音信号、电源等； （2）中继/分机设备（用户/线架设备）包括用户电路、出入中继、会议电话板、话务台（由显示器、拨号盘、环路键、告警指示灯等组成）等； （3）辅助设备包括交电装置、蓄电池、充电器、保安器、稳压器、配线架、空调器、打印机、维护终端等
2	软件	（1）执行管理程序（操作系统）； （2）呼叫处理程序； （3）系统监视和故障处理程序； （4）故障诊断程序； （5）维护和运行程序

4.1.2 程控交换机的性能和操作

（1）程控交换机的性能，见表 4-30。

程控交换机的性能   表 4-30

序号	性能	说明
1	系统性能	指根据系统配置而赋予用户交换机系统的能力
2	分机性能	指系统赋予特定的分机装置的性能。分机性能取决于服务等级（COS）等，它包括性能服务等级（FCOS）、呼入服务等级（ICOS）呼出服务等级（ECOS）等
3	话务台性能	指针对话务台拥有的性能，使呼叫处理简单，提高工作效率（接通率）

（2）程控交换机的操作程序

程控交换机的操作一般分为机务操作和话务操作两部分，具体操作程序见表 4-31。

序号	操作者	操 作 程 度
1	机务工作	(1)每日主动检测交换机、各线路及其他硬件设备的工作情况,并认真翻阅交换记录; (2)接到故障报告应及时抢修,认真做好记录; (3)若故障无法排除,应立即逐级上报,并积极做好配合工作; (4)若电线或交换机硬、软件发生重大故障,应立即通知有关单位抢修并做好详细的记录; (5)定时完成业主或使用人各项电信业务; (6)每月一次对业主或使用人电话费进行打印结算,并随时接受电话费的查询工作
2	话务工作	(1)当班时应先翻阅交接记录,发现问题应及时处理; (2)话务台灯亮、铃响三次应快速接电话,并用规范语言接待来电者,准确转接相应分机; (3)若来电为长途,且需转接的分机占线,话务员有责任强插该占线用户,通知其有长途电话,请挂机接听长途; (4)话务员对一些疑难问题一时解决不了的应在交接本上做详细的记录并口述给接班人员
3	电话总机	(1)若突然的停电,应转用自备蓄电池供电,并及时通知工程设备部抢修; (2)若发现可疑电话,应迅速报告安全保卫部门,并做好监听工作; (3)发生火灾,应立即采取自救并报消防部门; (4)如发生突发性机械故障,应及时抢修; (5)如接到报警电话,应迅速按其性质转报各有关部门

4.1.3 程控交换机的维护管理

(1)用户程控交换机机房工作制度

1)机房应 24 小时值班,值班人员应做好当班记录,做好交接班工作。

2)严格遵守岗位职责和有关规章制度。

3)严禁无关人员进入机房和使用有关设备。

4)严格遵循各项操作规程,按时完成周期检测,做好日常维护工作,确保设备正常运行。

5)未经同意,不得随意修改各类管理数据。

6)注意安全,不得随意拆卸设备,如遇较大故障,应及时逐级汇报。

(2)用户程控交换机机房环境卫生制度

1)机房环境应保持在最佳条件下,即温度为 20~25℃,绝对湿度为 6~188g/m³,相对湿度为 20%~70%。

2)严格控制机房内的极限条件,即温度为 10~40℃,绝对湿度为 2~258g/m³,相对湿度为 20%~80%。

3)机房的防尘要求为每年的积尘应小于 10g/m²。

4)进入机房要在过滤门内换鞋,以保持地面整洁。

5)防静电地板要每天吸尘,不能用扫帚清扫。

(3)程控交换机的周期维护和例行测试制度,见表 4-32。

4.2 电话通信服务

4.2.1 电话通信服务的项目和程序

(1)电话通信服务的项目:一般有电话机维修、传真机维修、直线电话账单查询、电子信箱、语音信箱、无限移动电话、寻呼机申办维修等。

序号	项　目	周期	备　注
1	出中继拨号音测听	日	
2	夜间服务转接后拨打	日	
3	出、入中继拨号测试	月	
4	CCF 蓄电池清、检、润	月	包括密度、电压测量,铅过桥、隔外帽、面盖板、电池槽、木架清洁,端子连接、液面高度检查
5	整流器清、检、润	月	包括告警性能测试
6	配线架清洁	季	
7	所有程控性能全面测试	半年	
8	音流电器测试	半年	
9	CPU 板、TDB 板等备件检查	月	
10	市电中继转换性能检查	月	检查能否转换到备用电源(蓄电池),无备用电源的测试能否把全部中继线转到指定的分机上
11	CCF 蓄电放电测试	年	
12	接地线电阻测试	年	不得超过 4Ω
13	分线箱内线整理	两年	两年内整治完
14	分线箱清洁整理	两年	
15	引入线整治	两年	
16	电器、工具、仪表、保安带工作样安全检查	年	

(2) 电话通信服务的程序：业主或使用人提出书面申请；物业管理公司审核同意后按标准收费，并在规定时间内完成服务。

4.2.2　电话通信服务达标和创优

(1) 接听电话工作规范：接听电话，铃响三声，必有应答；礼貌接听，用语规范。

(2) 交接班制度及记录：应逐步建立健全机务员、话务员的交接班制度，做好工作情况记录，以保持电话通信工作的连续性、条理性，便于及时发现问题、解决问题，减少扯皮与推诿现象，提高服务层次与质量。

(3) 通信服务质量自检：物业管理公司电话通信部门要根据本地电信局通信服务质量互检内容要求做好自检工作，主要包括互检内容中的服务质量、机键质量及信号、话机质量、环境整洁、分线箱清洁和其他。

(4) 开展优质服务劳动竞赛：物业管理公司通讯部门要深入开展以四比(即比思想、比干劲、比作风、比贡献)、六好(即服务思想、态度好,全程全网通信质量好,加强管理、执行制度好、环境整洁、设备状况好,人员业务素质好,部门团结协作好)为主要内容的劳动竞赛，改善服务，确保电讯畅通。

实 训 课 题

某物业公司拟承担某商厦保洁管理，该商厦 1～3 层为商场，4～10 层为写字楼，

11～14 层为宾馆，15 层为娱乐设施。请完成下列操作：

    （1）设置商场保洁机构。

    （2）设置各级人员并列出职责范围。

    （3）列出日常保洁使用机械、工具和物料。

    （4）列出保洁服务内容和要求。

思考题与习题

    1. 解释名词：物业环境管理、物业房屋维修、小修工程、中修工程、大修工程、翻修工程、综合维修工程、物业设备管理。

    2. 如何搞好物业环境管理？

    3. 我国《城市区域环境噪声标准》是如何规定的？

    4. 房屋完损等级分为几类？如何进行房屋完损等级评定？

    5. 房屋维修工程的分为哪几类？

    6. 如何进行物业房屋给排水系统的维修管理？

单元 5　物业管理实务

知 识 点：了解物业管理招标方式，了解物业接管验收的条件和程序，了解物业产籍管理的内容，掌握物业管理常用文书特点。

教学目标：掌握物业管理招投标程序和投标书的撰写，能完成物业管理方案的制定，熟悉物业管理中紧急事件的处理，能正确撰写物业管理中常用的文书。

课题 1　物业管理招投标

1.1　物业管理招标

1.1.1　物业管理招标的概念

物业管理招标指物业开发商（业主）依据和运用市场规律、竞争规律，按照招标要求的条件择优选聘物业管理企业。

1.1.2　物业管理招标方式

物业管理招标方式见表 5-1。

物业管理招标方式　　　　　　　　　　　　　　　　　　　表 5-1

序号	方式	内　涵
1	公开招标	由招标单位通过报刊、广播、电视等方式发布招标广告,凡符合规定条件的物业管理企业均可参加投标
2	邀请招标	招标单位向有承担能力的三个以上物业管理企业发出招标邀请书,邀请参加投标
3	议标	由招标单位直接邀请物业管理企业进行协商,确定有关物业管理的事项

1.1.3　物业管理招标程序

物业管理招标程序如图 5-1 所示。

1.1.4　物业管理招标新闻发布会

物业管理招标新闻发布会是向投标单位发布招标文件、信息的一种方式，内容一般包括以下几个方面：

（1）物业开发商（业主）向投标单位发布的招标信息。

（2）介绍物业的基本情况、功能、用途、竣工日期和主要设备设施等。

（3）介绍委托管理经营的范围、应达到的各项经济指标、管理指标和经济要求。

（4）介绍投标起止日期和开标时间、地点等，并解答投标单位对有关问题的咨询。

1.2　物业管理投标

1.2.1　物业管理投标的概念

物业管理投标是物业管理企业依据物业开发商（业主）招标文件的要求编制标书，参

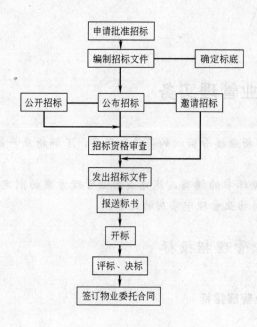

图 5-1　物业管理招标程序

加物业管理资格竞争的一种行为。

1.2.2　投标企业应具备的条件

必须持有营业执照，取得法人资格；物业管理企业资质必须符合招标工作的要求；企业简历；自有资金情况；符合当地有关规定。

1.2.3　物业管理投标工作的内容

（1）收集招标信息：企业要在激烈的竞争中取胜，必须建立有效的信息系统，信息的收集必须及时、全面、准确。

（2）成立投标机构，配备专业人员：在投标前必须成立机构，全面规划，统一领导，制定投标策略，以求中标。

（3）报送申请：参加投标的物业管理企业，按招标通知确定的时间向物业开发商（业主）报送申请书，申请参加投标。

（4）编制标书：物业管理企业在接到物业开发商（业主）发出的投标邀请书后，根据投标文件的内容和要求编制标书，标书要加盖物业管理企业和负责人的印鉴。标书可派专人送至物业开发商（业主），也可密封后通过邮局挂号寄送。

1.2.4　物业管理投标策略

物业管理投标策略是物业管理企业为了实现投标的预定目标，取得投标成功所采用的方法。

（1）自我形象包装策略：在决定参与投标后，应立即建立投标机构，制定投标工作计划，对物业管理企业自身的形象进行一定包装，实事求是地介绍、宣传公司自身的资质，明确地表达公司参与投标竞争的能力、决心和信心。

（2）服务与价格定位策略：通过市场调查、搜集、整理、分析、筛选各种与物业管理投标有关的信息资料，提出该项目投标的最优期望目标、实际需求目标、可接受目标和最低目标，最后确定服务与价格定位，明确服务内容的安排、经营项目的设置、收费价格的拟定、客源、收益的测算等，使物业管理企业对该项物业管理投标有全面的了解。

（3）击败竞争对手策略：通过多种方式了解竞争对手的情况（如服务内容、经营项目、营业推广、广告宣传、价格策略、企业素质、信用状况），了解自身在竞争中所处的地位，以便采取相应的竞争方法，掌握投标的主动权。

（4）促成决标策略：物业管理投标是一个公平竞争的行为，操作时要做到合理定位、规范作业。投标标书的内容要全面、合理、有特点，书写要规范、明确、详尽，尽量量化，送达要及时，以促成决标。

1.2.5　物业管理投标程序

对于物业管理企业，投标是一项十分严肃认真的工作，物业管理投标程序如图 5-2 所示。

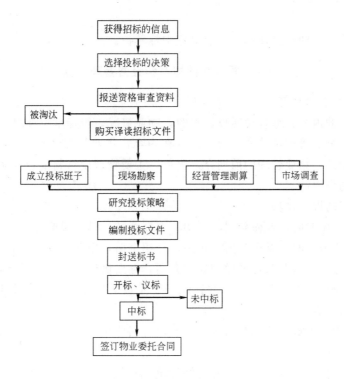

图 5-2　物业管理投标程序

1.3　开标、评标和定标

1.3.1　开标

招标单位在事先通知的时间和地点，在有招标单位、投标单位和有关部门参加的情况下，当众启封标函，公开宣布各投标单位标书的主要内容，这一过程称为开标。

（1）开标的方式

1）在公开场合下开标，当场不宣布中标单位。

2）在公证员的监督下开标，确定预选中标单位。

3）在有投标单位参加的情况下公开开标，当场确定并宣布中标单位。

（2）废标

有下列情况之一者为废标：

1）标书未密封。

2）标书未按照招标文件要求填写，或填写字迹模糊、辨认不清。

3）无单位和法人代表或法定代表人委托的代理人印鉴。

4）标函寄出的时间超过投标截止日期（以邮戳为准）。

5）投标单位未参加开标会议。

1.3.2　评标

招标单位在开标后，将有效标书交评标委员会对投标进行评价和比较，称为评标。评标的结果是确定并通知某一投标单位得标，对招标单位来讲叫授标，对投标单位来讲叫中标。

1.3.3 定标

定标又称决标，即经过评标，最后决定中标单位。

1.4 投标书的拟写和经营管理测算

1.4.1 投标书的拟写

（1）投标书的内容：综合说明投标意图，物业概况，投标单位概况，对标的物业拟采用的管理模式，物业管理经营的宗旨、方针和内容，物业管理经营机构、人员配备计划，物业管理经营测算，物业管理的前期介入服务，主要管理规章制度，各项管理指标，提高管理服务水平的设想。

（2）投标书的拟写技巧

1）拟写综合说明时，要做到层次分明、言简意赅、具有说服力。

2）拟写物业概况时，要做到数据正确，介绍全面，用词专业，具有感召力。

3）拟写投标单位概况时，要做到如实介绍，突出优势与实力，具有竞争力。

4）拟写物业管理经营的宗旨、方针时，要注意从物业开发商（业主）的利益出发，为他们着想，为他们服务，具有亲和力。

5）拟写机构、人员、费用等内容时，要设计科学的机构设置、合理的人员编制、正确的费用测算，具有吸引力。

6）要大力宣传招标单位所具有的良好传统、作风、精神，并表示可作为企业今后工作的借鉴，具有鼓动力。

1.4.2 物业经营管理测算

物业经营管理测算是整个投标方案中最重要的部分，是投标成功与否的关键，内容见表 5-2。物业管理企业在拟定标的时，要注重物业经营管理费用的测算，注意物业管理费用的合理性。

物业经营管理测算的内容   表 5-2

序号	预算项目	内 容
1	前期介入服务中发生的费用	办公设备购置费、工程设备购置费、清洁设备购置费、通讯设备购置费、安保设备购置费、商务设备购置费、绿化设备购置费等
2	年度物业管理费用	物业管理人员的工资、福利费、办公费、邮电费、通讯费、绿化清洁费、维修费、培训费、招待费等
3	年度能源费用	水费、电费、锅炉燃油费等
4	经营收入预算	各项收入、利润分配等
5	年度经营管理支出费用	人员费用、办公及业务费、公用事业费、维修消耗费

课题 2 物业的接管与用户入住

2.1 物业的接管与接管验收

2.1.1 物业的接管

（1）物业的接管是房地产开发企业向接受委托的物业管理企业移交的过程。移交应办理书面移交手续。

（2）物业的接管验收是指物业管理企业在接受开发企业、建设单位或个人委托管理的新建房屋或原有房屋时，以物业主体结构安全和满足使用功能为主要内容的再检验。在完成接管验收后，整个物业就移交给物业管理企业。

（3）物业的接管验收是物业管理过程中不可缺少的一个重要环节，既包括对主体建筑、附属设备、配套设施的验收，也包括对道路、场地和环境绿化等的验收，应特别重视对综合功能的验收。

2.1.2 物业接管验收与竣工验收的区别

（1）物业接管验收与竣工验收的关系，如图5-3所示，

图5-3 物业接管验收与竣工验收的关系

（2）物业接管验收与竣工验收的区别，见表5-3。

物业接管验收与竣工验收的区别 表5-3

序号	项目	竣工验收	接管验收
1	验收主体	国家规划验收主管部门、发展商、施工单位	物业发展商和物业管理企业或业主委员会和物业管理企业
2	验收目的	检验房屋工程是否达到设计文件规定的要求	对主体结构安全与满足使用功能的再检验
3	验收条件	首要条件是全部施工完备，设备已到位等	首要条件是竣工验收合格，且附属设备已完全能正常使用，房屋编号已得到认可等
4	移交对象	施工单位移给开发单位	开发单位移交给物业管理企业

2.1.3 物业接管验收的作用

（1）明确双方的责、权、利关系：通过接管验收，签署一系列文件，实现权利和义务的转移，在法律上界定清楚交接双方的关系。

（2）确保物业具备正常的使用功能：通过物业管理企业的接管验收，能进一步促使施工或开发企业按标准进行规划设计和建设，充分维护业主和自身的利益。

（3）为日后管理创造条件：通过接管验收，一方面使工程质量达到要求，减少日常管理过程的维修、养护工作量；另一方面根据接管的有关物业文件资料，可以了解物业的性能与特点，计划安排各项管理工作，发挥社会化、专业化、现代化的管理优势。

2.1.4 物业接管验收的条件和程序

物业接管验收包括新建房屋接管验收和原有房屋接管验收。

（1）物业接管验收的条件，见表5-4。

物业接管验收的条件 表5-4

序号	类型	接管验收条件
1	新建房屋	(1)建设工程全部施工完毕，并已经竣工验收合格； (2)供电、采暖、给水排水、卫生、道路等设备和设施能正常使用； (3)房屋幢、户编号已经有关部门确认
2	原有房屋	(1)房屋所有权、使用权清楚； (2)土地使用范围明确

（2）物业接管验收的程序，见表5-5。

物业接管验收的程序 表 5-5

序号	类型	接管验收程序
1	新建房屋	（1）建设单位书面提请接管单位验收； （2）接管单位按接管验收条件和应提交的资料逐项进行审核，对具备条件的，应在 15 日内签发验收通知并约定验收时间； （3）接管单位会同开发单位对物业质量与使用功能进行检验； （4）对检验中发现的问题，按质量问题的处理办法处理； （5）经检验符合要求的房屋，接管单位应签署验收合格凭证，签发接管文件
2	原有房屋	（1）移交人书面提请接管单位接管验收； （2）接管单位按接管验收条件和应提交的资料逐项进行审核，对具备条件的，应在 15 日内签发验收通知并约定验收时间； （3）接管单位会同移交人对原有房屋的质量与使用功能检验； （4）对检验中发现的危险问题，按危险和损坏问题的处理办法处理； （5）交接双方共同清点房屋、装修、设备和定、附着物、核定房屋使用状况； （6）经检验符合要求的房屋，接管单位应签署验收合格凭证，签发接管文件，办理房屋所有权转移登记； （7）移交人配合接管单位按接管单位的规定，与房屋使用人重新建立租赁关系

2.1.5 物业接管验收应检索提交的资料

物业接管验收应检索提交的资料见表5-6。

接管验收应检索提交的资料 表 5-6

序号	类型		检索验收资料
1	新建房屋	产权资料	项目批准文件；用地批准文件；建筑执照；拆迁安置资料
		技术资料	竣工图包括总平面图、建筑、结构、设备、附属工程及隐蔽管线的全套图纸；地质勘探报告；工程合同及开、竣工报告；工程预决算；图纸会审记录；工程设计变更的通知及技术核定单（包括质量事故处理记录）；隐蔽工程验收签证；沉降观察记录；竣工验收证明书；钢材、水泥等主要材料的质量保证书；新材料、构配件的鉴定合格证书；水、电、采暖、卫生器具、电梯等设备的检验合格证书；砂浆、混凝土试块试压报告；供水、供暖的试压报告
2	原有房屋	产权资料	房屋所有权证；土地使用证；有关公司法、公证文书和协议；房屋分户使用清册；房屋设备及定、附着物清册
		技术资料	房地产平面图；房屋分间平面图；房屋及设备技术资料

2.1.6 物业接管验收的标准

（1）新建房屋的接管验收标准

1）质量与使用功能的检验标准，见表5-7。

2）质量问题的处理

A. 影响房屋结构安全和设备使用安全的质量问题，必须约定期限由建设单位负责进行加固补强返修，直至合格；影响相邻房屋的安全问题，由建设单位负责处理。

B. 对于不影响房屋结构安全和设备使用安全的质量问题，可约定期限由建设单位负责维修，也可采用费用补偿的办法，由接管单位处理。

（2）原有房屋的接管验收标准

1）质量与使用功能的检验

序号	项目	检 验 标 准
1	主体结构	(1)地基沉降不得超过规定的允许变形值,不得使上部结构开裂或损坏相邻房屋; (2)钢筋混凝土构件产生的变形、裂缝不得超过钢筋混凝土结构设计的规定值; (3)砖石结构必须有足够的强度和刚度,不允许有明显裂缝; (4)木结构应结点牢固,支撑系统可靠无蚁害,构件的选材必须符合结构工程施工和验收规范规定; (5)应抗震设防的房屋,必须符合建筑抗震设计规范的有关规定
2	外墙	外墙不得渗水
3	屋面	(1)各类屋面必须符合屋面工程和验收规范的规定,排水畅通,无积水,不渗漏; (2)平屋面应有隔热保温措施,三层以上房屋在公用部位设置屋面检修孔; (3)阳台和三层以上房屋的屋面应有组织排水,出水口、檐沟、落水管安装牢固,接口平密,不渗漏
4	楼地面	(1)面屋与基屋必须粘结牢固,整体平整,无空鼓、裂缝、脱皮和起沙等缺陷,块料面层表面平整,接缝均匀顺直,无缺棱掉角; (2)卫生间、阳台、盥洗间地面与相邻地面相对标高应符合设计要求,不应有积水,不允许倒泛水和渗漏; (3)木楼地面应平整牢固,接缝密合
5	装修	(1)钢木门窗应安装平正牢固,开关灵活,零配件装配齐全,位置准确,钢门窗缝隙严密,木门窗缝隙适度; (2)进户门不得使用胶合板制作,门锁应安装牢固,底层外窗、楼层公共走道窗、进户门上的亮子均应装设铁栅栏; (3)木装修工程应表面光洁,线条顺直,对缝严密,不露钉帽,必须与基层钉牢; (4)门窗玻璃应安装平整,油灰饱满,粘贴牢固; (5)抹灰应表面平整,不应有空鼓、裂缝和起泡等缺陷; (6)饰面砖应表面洁净、粘贴牢固,阴阳角与线角顺直,无缺棱掉角; (7)油漆、刷浆应色泽一致,表面不应有脱皮、漏刷现象
6	电气	(1)线路安装应平整、牢固、顺直,过墙应有导管;每回路导线间和对地绝缘电阻不得小于 $1M\Omega/kV$; (2)应按套安装电表或预留表位,并有电器接地装置; (3)照明器具等低压电器支架必须牢固,部件齐全,接触良好,位置正确; (4)各种避雷针装置的所有连接点必须牢固可靠,接地电阻值必须符合电气装置工程施工和验收规范的要求; (5)电梯应能准确、正确运转,噪声和震动不得超过规定值,记录、图纸资料齐全; (6)对电视信号有屏障影响的住宅,电视信号场强微弱或者被高层建筑遮挡及反射波复杂地区的住宅,应设置电视共用天线; (7)除上述要求外,还要符合地区性低压电气装置规程的有关要求
7	卫生消防	(1)管道应安装牢固,控制部件应启闭灵活,无滴漏;水压试验及保温、防腐措施必须符合采暖与卫生工程施工及验收规范的要求,应按套安装水表或预留表位; (2)高位水箱进水管与水箱检验口的设置应便于检修; (3)卫生间、厨房内的排污管应分设,出户管不宜超过 8m,并不应使用陶瓷管、塑料管;地漏、排污管接口、检查口不得渗漏,管道排水必须通畅; (4)卫生器具质量良好,接口不得渗漏,安装应正、牢固,部件齐全,制动灵活; (5)水泵安装应平稳,运行时无较大震动; (6)消防设施必须符合建筑设计防火规范、高层民用建筑设计防火规范要求,并且有消防部门检验合格签证

序号	项目	检 验 标 准
8	采暖	(1)采暖工程的验收时间必须在采暖期以前2个月进行； (2)锅炉、箱罐等压力容器应安装平正，配件齐全，不得有变形、裂纹、磨损、腐蚀等缺陷；安装完毕后，必须有专业部门的检验合格签证； (3)锅炉必须进行12小时以上试运转，炉排之间、炉排与炉铁之间不得互相摩擦，且无杂音、不跑偏、不凸起、不受卡，返转应自如； (4)各种仪器、仪表应齐全精确，安全装置必须灵敏、可靠，控制阀门应开关灵活； (5)炉门、灰门、煤斗闸板、烟风挡板应安装平正，启闭灵活，闭合严密，风室隔墙维修，管架、支架、吊架应牢固； (6)管道的管径、坡度及检查必须符合采暖与卫生工程及验收规范的要求，管沟大小及排列应便于维修，管架、支架、吊架应牢固； (7)设备、管道不应有跑、冒、滴、漏现象，保温防漏措施必须符合采暖与卫生工程施工及验收规范的规定； (8)锅炉辅机应运转正常，无杂音；消烟除尘、消音减震设备应齐全，水质、烟尘排放浓度应符合环保要求； (9)经过48小时连续试运行，锅炉和附属设备的热工、机械性能及采暖区室温必须符合设计要求
9	附属工程及其他	(1)室外系统的标高、窨井(检查井)设置、管道坡度、管径必须符合室外排水设计规范的要求，管道应顺直且排水畅通，井盖应搁置稳妥并设置井圈； (2)化粪池应按排污量全埋设置，池内无垃圾杂物，进出水口高差不得小于5cm；主管与粪池间的连接管道应有足够的坡度，并不应超过两个弯； (3)明沟、散水、落水管内部不得有断裂、积水现象； (4)房屋入口处必须通室外道路，并与主干道相通，路面不应有积水、空鼓和断裂现象； (5)房屋应按单元设置信箱，其规格、位置须符合有关规定； (6)挂物钩、晒衣架应安装牢固，烟道、通风道、垃圾道应畅通，无阻塞物； (7)单体工程必须做到工完料净场清，临时设施及过渡用房拆除清理完毕，室外地面平整，室内外高差符合设计要求； (8)群体建筑应检验相应的市政、公建配套工程和服务设施，应达到应有的质量和使用功能要求

A. 以危险房屋鉴定标准和国家有关规定作检验依据。

B. 从外观检查建筑物整体的变异状态。

C. 检查房屋结构、装修和设备的完好与损坏程度。

D. 查验房屋使用情况（包括建筑年代、用途变迁、拆改添建、装修和设备情况），评估房屋现有价值，建立资料档案。

2）危险和损坏问题的处理

A. 属有危险的房屋，应在移交人负责排危解危后接管。

B. 属有损坏的房屋，由移交人和接管单位协商解决，既可以约定期限由移交人负责维修，也可采取其他补偿形式。

C. 属法院判决没收并通知接管的房屋，按法院判决办理。

2.1.7 物业交接双方的责任

（1）为尽快发挥投资效益，开发单位应按接管验收应具备的条件和应检索提交的资料提前做好房屋交验准备；房屋竣工后，及时提出接管验收申请。接管单位应在15天内审核完毕，及时签发验收通知并约定时间验收；经检验符合要求，接管单位应在7日内签署验收合格证，并应及时发接管文件。未经接管的新建房屋一律不得交付使用。

（2）接管验收时，交接双方均应严格按照标准执行。验收不合格时，双方协议处理办法，并商定时间复验，开发单位应按约返修合格，组织复检。

（3）房屋接管交付使用后，如发生隐蔽性的重大质量事故，应由接管单位、开发单位和设计、施工单位共同分析研究，查明原因。如属设计、施工、材料的原因，应由开发单位负责处理；如属使用不当、管理不善的原因，则应由接管单位负责处理。

（4）新建房屋从验收接管之日起，应执行建筑工程保修的有关规定，由开发单位负责保修，并向接管单位预付保修保证金，接管单位在需要时用于代修。保修期满后应按实结算，也可以在接管验收时双方达成协议。开发单位一次性拨付保修费用，由接管单位负责保修。

（5）在接管验收中如有争议而不能解决时，可申请当地县级人民政府房地产管理机关进行协调或裁决。

2.2 用户入住

入住指业主领取钥匙，接房入住。

2.2.1 入住程序

（1）向业主发出的函件有：入住通知书、入住手续书和收楼须知。

（2）业主收楼

1）业主出示身份证、房屋买卖合同和入住通知书。

2）缴纳各项管理服务费和维修基金等。

3）业主验收所购房屋并签收。

4）物业管理企业与业主签订管理公约。

5）物业管理企业介绍入住的有关事项和接受业主的咨询，并发给业主住户手册。

6）物业管理企业正式把业主所购物业的钥匙交给业主。

2.2.2 入住手续文件

入住手续文件是物业管理企业为业主办理的各种手续和文件，具体内容见表5-8。

入住手续文件　　　　　　　　　　　　　　　　表5-8

序号	入住手续文件	内　　容
1	入住通知书	通知业主可以来办理入住手续并可进住的文件
2	入住手续书	为方便业主，让其知晓办理入住手续的具体次序而制定的文件
3	收楼须知	告知业主收楼应注意的事项，以及在办理入住手续时应携带的各种证件、合同和费用
4	缴款通知书	通知业主办理入住手续时应该缴纳的款项和具体金额的文件
5	用户登记书	为便于日后及时与用户保持联系，提高管理、服务效率和质量而制定的文件
6	验房（铺）书	为方便业主对房屋进行验收，监督开发商及时整改问题，以免引起纠纷，使问题得到及时解决的文件
7	房（铺）交接书	业主在确认可以接受所购楼宇后，与开发商签定的一份协议

2.2.3 业主对物业的验收

业主在验收楼宇时，一定要特别细致，尽可能在入住前解决相关问题。一般房屋质量问题见表 5-9。

一般房屋质量问题　　　　　　　　　　　　　　　　　　表 5-9

序号	项　目	具 体 质 量 问 题
1	门窗系列	框架是否牢固、安全、平整,门窗是否密缝、贴合,门锁、窗钩有无质量问题,玻璃是否防水密封
2	给排水系列	水管龙头、水表是否安好,特别是下水道是否堵塞,马桶、地漏、浴缸排水是否通畅、有无泛水现象
3	供电系列	电灯、电线(包括线管)是否有质量问题,开关所控是否火线,电表的流量大小也必须注意;若有空调,应检查是否漏水,制冷制热效果如何
4	地面、屋顶、地板系列	是否平整、起壳、起砂、剥落,有无裂缝、渗水,检查瓷砖、墙块、地砖贴面的平整、间隙、虚实(听敲击声)
5	其他问题	公共设施如垃圾桶、扶梯、电梯、防盗门、窗花、电话线等,也应注意检查

课题3　物业档案的管理

3.1　物业产权产籍管理

3.1.1　物业产权产籍管理概述

（1）有关概念

1）物业产权是指产权人对其所有的物业在法律规定的范围内享有占有、使用、收益和处分的权利。在我国,物业产权包括物业所有权和土地使用权两部分。

2）物业产权管理是指国家房地产行政管理机关对物业所有权及其合法变动情况的确认,以及为此目的而进行的管理。

3）物业产籍是对在物业登记过程中使用的各种图表、证件等登记资料,经过整理、加工、分类而形成的图、档、卡、册等资料的总称。

4）物业产籍管理是指对产权登记、调查、测绘过程中形成的产权资料档案、测绘图纸,进行补充更正、汇总保管、提供利用等的一项经常性工作。

（2）物业产权产籍管理的作用

1）维护《宪法》的尊严,保护房地产权利人的合法权益。

2）为建设和管理好城市、制定有关政策和计划提供科学依据。

3）为加强房地产机关的自身建设、有效地行使行政管理职能打下坚实的基础。

（3）物业产权产籍管理的任务

1）加强领导,强化物业产权产籍管理意识。

2）开展物业产权登记、确权和发证工作。

3）做好物业产权产籍管理工作。

4）做好物业测绘工作。

5）为征地、拆迁、落实私房政策的审查和处理权属纠纷提供可靠依据。

3.1.2　物业权属登记管理

物业权属登记即物业所有权登记,包括物业所有权登记和物业他项权利登记。

（1）物业权属登记的种类，见表5-10。

物业权属登记的种类　　　　　　表5-10

序号	类　别	说　明
1	总登记	也叫静态登记,指一定时间内,在一定区域内办理一次性的、统一的、全面的物业权属登记
2	初始登记	包括土地使用权初始登记和物业所有权初始登记
3	权益变更登记	也叫动态登记,指在总登记以后,产权发生了权利转移,或物业本身发生了变化而进行重新登记
4	注销登记	因客体灭失、土地使用年限届满、他项权利终止等而进行的登记

（2）物业权属登记工作程序，见表5-11。

物业权属登记工作程序　　　　　　表5-11

序号	程　序	说　明
1	登记收件	是申请产权登记的第一道程序,主要包括检验证件、填写申请书、墙界表、收取证件
2	调查勘测	对已申请登记的物业逐户、逐处调查勘测,查清物业现状,丈量计算面积,核实墙体归属,绘制或修测物业平面图,为审查确权和制图发证提供依据
3	审查确认	确认物业的所有权和土地使用权等,是产权登记的核心
4	绘制权属证书	申请登记的物业经审查确认产权后,应及时绘制物业产权证书
5	颁证	向权利人颁发权属证书,是权属登记工作程序的最后一项

3.1.3　物业产籍管理的内容

产籍管理主要是对房地产产籍资料的管理。产籍资料主要是由图、档、卡、册组成的，见表5-12。

产籍资料的内容　　　　　　表5-12

序号	内容	内　涵
1	图	指物业地籍平面图,是专为房屋产权登记和管理绘制的专业用图,包括房屋分幢平面图、房屋分户平面图、房屋分层平面图、产业概况示意图、拟议房屋竣工图、体内线路图、管走向图、阴井下水道位置图等
2	档	物业档案,指在管理活动中形成的各种文字资料,是物业档案资料的主要成分,可以分为调查档案、房地评估档案、房地产登记档案、房地产统计及证明档案
3	卡	指物业卡片,是反映物业产权归属和基本情况的卡片,一般按地号(丘号)顺序,以一处房屋坐落中的每幢房屋作为单位而填制的一张卡片,一处房屋有多少幢就编多少张卡片
4	册	物业登记簿册,是物业权属登记、发证工作中根据工作需要而分类编制的各种表册的总称,主要包括收件登记簿、发证记录簿和房屋总册等

3.2　物业档案的建立

3.2.1　物业档案资料的含义

物业档案资料指在物业的开发和管理活动中形成的作为原始记录保存起来以备查考的文字、图像、声音以及其他各种形式和载体的文件。

3.2.2 物业档案的建立

物业档案资料的建立主要有收集、整理、归档和利用四个环节，见表5-13。

物业资料来源按时间顺序分类　　　　　　　　　表 5-13

序号	环节	内　　涵
1	收集	将分散在单位内部各工作机构的有保存价值的文件资料集中移交给单位档案室或负责管理档案的部门的工作
2	整理	指把处于相对零乱、分散的档案,经过分类组合、排列、编目,使档案系列化、系统化的工作
3	归档	按照档案资料的内在规律进行科学的分类与保存
4	利用	是充分发挥档案资料的凭证和参考作用为物业管理服务

3.3　物业档案的管理

物业档案资料管理指物业管理公司在物业管理活动中，对物业原始记录进行收集、整理、鉴定、保管、统计和利用，为物业管理提供客观依据和参考资料。

3.3.1　资料的归档管理

（1）在物业管理中可实行原始资料和计算机档案管理双轨制，并尽可能将其转化为计算机磁盘储存形式以便于查找。同时还可运用录像、录音、照片、表格、图片等多种形式保存，使其具体化、形象化。

（2）对业主和企业利益影响较大的档案应加以保存。这些档案应按授权级别检索并严格控制借阅。

（3）档案管理人员应编制统一的档案分类说明书和档案总目录，并进行科学合理的分类存档。

（4）档案室应保持干燥、通风、清洁，注意防盗，并确保储存地点符合防火、防虫、防鼠、防潮等要求。

3.3.2　档案的使用

（1）利用计算机网络技术，并采用先进检索软件，充分发挥档案资料的作用。

（2）对借阅原始资料的使用者，按档案的不同密级，在机关负责人批准后借阅，并应办理借阅手续。

3.3.3　档案的销毁

根据档案的保存期限和性质，对确实没有保存价值和保存期已满的档案，严格按制度规定进行销毁。

课题 4　物业管理方案的制定

4.1　制定物业管理方案的程序

4.1.1　制定物业管理方案工作流程

制定物业管理方案工作流程如图 5-4 所示。

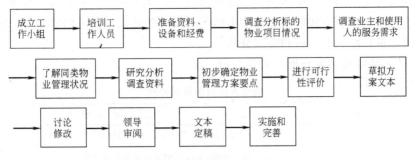

图 5-4　制定物业管理方案工作流程

4.1.2　制定物业管理方案的主要工作内容

（1）成立工作小组

如果物业管理企业是在进行项目投标时编写物业管理方案，则编写任务可由投标工作小组承担；如果另行接受委托，编写物业管理方案时，则需要组建制定物业管理方案的工作小组。该工作小组一般由物业管理企业总经理、副总经理或经验丰富、知识全面的部门经理牵头，成员包括管理、财务、工程、保安、保洁和行政等部门的有关人员。必要时也可以聘请企业外部的高水平物业管理专家担任顾问，指导物业管理方案的制定。

（2）培训工作人员

工作小组成立后，需要对参与制定方案的工作人员进行必要的业务培训。培训内容主要有：标的物业项目的情况介绍，制定方案的要求、内容、方法和程序，优秀物业管理方案案例的学习和考察等。

（3）准备资料、设备和经费

主要应准备相关的法规政策、参考书、必要的文件表格、以往制定的其他同类物业项目的管理方案，调查研究和制定方案所需交通工具、工作设备和经费等。

（4）调查分析标的物业项目情况

通过阅读标的物业项目的设计方案、施工图纸及文本资料，实地考察、座谈、收集各种媒体上的公开信息，向政府有关部门了解情况等途径，对标的项目进行全面的调查分析。调查的内容一般包括：

1）项目的位置：具体位置及东、西、南、北的毗邻。

2）项目面积：占地面积、规划建筑面积和已建成面积（其中包括居住用地、公用设施、绿地；可用于经营服务的面积各是多少，占多少比例等）。

3）项目建筑情况：建筑结构、质量、技术、标准和管线布置等。

4）配套和附近交通状况：已通达公交车次、小区班车等。

5）消防、安保、清洁等设施状况。

6）项目性质和特色：高档物业、住宅小区、花园别墅、经济适用房等，是否是文化居住区、高新技术开发区等。

7）政府的支持、扶持与介入程度。

8）开发商的背景：规模、技术、资金、信誉、社会影响和负责人情况等。

9）周边环境。

（5）调查业主和使用人的服务需求

可以运用座谈、访问、电话调查、发放调查表、实地观察、小规模实验等方法，定性与定量相结合，调查业主和使用人的基本情况及其对物业管理服务的需求。调查的内容主要包括住区人员自然状况分析和需求分析。

1）住区人员自然状况分析，见表5-14。

住区人员自然状况分析 表5-14

序号	内　容	说　明
1	总人口	住区人员总人数决定需求的总体规模
2	性别	男女比例，不同性别具有需求的差异性
3	年龄	年龄结构，不同的年龄段有需求的特殊性
4	受教育程度与职业	知识文化水平、所学专业、所从事职业的差别决定生活需求的种类、档次不同
5	民族	不同民族有不同的生活习惯、兴趣爱好
6	经济收入	住区人员的经济收入水平直接决定需求的水平

2）住区人员需求分析，见表5-15。

住区人员需求分析 表5-15

序号	标　准	具　体　分　类
1	按需求的对象分	(1)物质需求：人们对衣、食、住、行、医疗等的需求； (2)精神需求：人们对教育、娱乐、环境、健美的需求
2	按需求的弹性分	(1)小弹性需求：如衣食住行、基本的文化需求、子女教育等弹性小； (2)大弹性需求：如一些高档物质、文化、娱乐等需求弹性大
3	按需求的条件分	(1)现实需求：人们已经认识到并且有经济能力的需求； (2)潜在需求：处于潜在状态的需求
4	马斯洛的需求 层次划分方法	(1)生理需求：人生存的基本需求； (2)安全需求：人的心理、生活、物质上的安全需求； (3)社交需求：人与人之间交往的友谊、同情、互助、群体归同感等； (4)尊重需求：人的自尊心和受到他人尊重的需求； (5)自我实现需求：人们对事业和前途等的期望与需求

（6）了解同类物业管理状况

主要了解本地区同类型物业的管理措施、管理模式、服务项目、服务费水平等。

（7）研究分析调查资料

将调查搜集到的资料进行统计、分析，写出简要的调查报告。

（8）初步确定物业管理方案要点

初步确定物业管理方案的要点主要包括：管理档次、服务项目、管理模式、管理目标、主要措施、费用测算等。

（9）进行可行性评价

从技术、经济等方面对初步物业管理方案要点的可行性进行评价。如果物业管理方案要点某些方面不可行，需要进行调整，调整后再做评价，这个过程可能需要多次反复进行。

（10）草拟方案文本

在对物业管理方案要点做出可行性评价以后，需要着手编写具体的物业管理方案文本。

（11）讨论修改

方案编写小组写出具体的物业管理方案文本后，需向专家顾问、本企业其他相关物业管理人员咨询意见，进行讨论修改。

（12）领导审阅

经过讨论修改的方案，需送公司领导审阅。

（13）文本定稿

经领导审阅、签字，必要时再做修改后，方案即可定稿。

（14）实施和完善

定稿后的物业管理方案即可付诸实施，而且需要在实践中不断修改和完善。

4.2　制定物业管理方案

4.2.1　物业管理方案的主要内容

（1）物业管理档次：物业类型、功能将决定不同的物业消费水平，从而确定物业管理的不同档次。物业管理档次必须与物业本身的档次相匹配，物业管理档次的确定是制定物业管理方案的基础。

（2）物业管理服务的标准：物业类型、功能和物业档次将决定物业管理服务的项目和质量标准。如普通居民住宅小区与公寓性物业的服务要求、服务内容是不同的，收费标准也不同。

（3）物业管理财务收支预算：物业管理档次决定物业管理应达到的服务标准和收费标准，年度物业管理费用收支总额预算包括：

1）确定各项目的收费标准和支出预算。

A. 测算依据是政府的有关规定和物业管理服务的标准。

B. 收入包括管理费收入、多种经营收入和其他收入。

C. 支出包括管理及服务人员工资、福利费、办公费、修缮费、各项服务支出、税费、保险及预留费用等。

2）进行费用分摊。根据各业主所占物业的份额，计算出按比例分摊的费用，把收费标准相同的归类，分类列出维修基金和管理费应收缴的数额。

3）建立完善的能有效控制管理费用、收支的财务制度。

4.2.2　物业管理方案的可行性研究

（1）可行性研究的含义

可行性研究是运用多种科学研究成果，在建设项目投资决策前进行全面的技术经济分析、论证的科学方法，目的是提出技术上先进可行、经济上合理的方案。

（2）可行性研究的阶段

可行性研究的阶段见表5-16。

序号	阶 段	说 明
1	投资机会研究	主要是对投资项目或投资方向提出建议,其研究是比较粗略的,依据概略的经验估计,精确度为±30%
2	初步可行性报告	主要是进一步分析投资方向的可能性与潜在效益,精确度可达到±20%
3	详细可行性报告	对项目进行技术经济论证后做出是否投资的决策的关键步骤,精确度要求达到±10%
4	评价报告	提出正式的可行性研究报告,以及可行性或不可行性的建议,为决策提供依据

(3) 可行性研究的内容

可行性研究的内容有项目概况,市场需求预测,物质资源预测,项目方案研究,人力资源研究,项目实施过程研究,项目投资的成本分析和资金筹措研究,项目经济和社会效益分析。

(4) 可行性研究的步骤

可行性研究的步骤见表 5-17。

序号	步 骤	说 明
1	接受委托	项目建议批准之后,开发商即可委托咨询公司对拟开发项目进行可行性研究
2	调查研究	包括实地调查、技术研究和经济研究
3	优化和选择方案	将项目各个不同方面进行组合,设计出若干可供选择的方案,进行反复的方案论证和比较,选出最佳方案
4	详细研究	以经济分析确定的最佳方案进行详细的经济和财务评价,研究经济上的合理性和盈利能力
5	编制可行性研究报告	经过上述分析与评价,编制详细的可行性研究报告,提出推荐方案和推荐方案的技术经济指标、存在问题和建议

(5) 可行性研究报告的结构

国家有关部委对工业项目、高技术产业化示范工程项目、农业综合开发项目等重要领域项目可行性研究报告的编制原则和编写提纲有明确的要求。目前,物业管理可行性研究报告尚无严格统一的编写要求,一般包括以下 10 个部分。

1) 总论,简要介绍可行性研究任务的背景等。

2) 物业项目分析。

3) 服务需求分析与预测。

4) 物业管理企业自身条件与服务能力分析。

5) 人力资源分析。

6) 物业管理方案要点及方案实施进度分析。

7) 物业管理服务费用测算。

8) 项目的经济、社会和环境效益评价。

9) 结论及建议。

10) 附件,市场调研的详细资料等可作为可行性研究报告的附件。

4.2.3 制定物业管理方案的主要方法

制定物业管理方案的方法主要有五种，见表 5-18。

制定物业管理方案的方法　　　　　　　　　　　　　　　　　表 5-18

序号	方　法	说　　　明
1	经理意见法	主要以物业公司经理的意见为方案的基本思路和主要内容，在征询公司内外意见的基础上制定方案。这种方法对经理素质，尤其是经营决策能力要求较高
2	内部征询法	在发动公司内部门、全体员工提建议的基础上综合、归纳制定物业管理方案。这种方法制定的方案有群众基础，但思想不易统一
3	学习借鉴法	主要是学习借鉴国内外对相似物业管理的思想和做法来制定方案，这种方法能够学习运用先进的物业管理经验，但必须联系实际情况取舍、创新
4	专家意见法	主要是请业内有一定专长的各方面的专家协助制定的物业管理方案。这种方法制定的方案水平较高，中标可能性大，但投入较大
5	综合制定法	综合运用上述四种方法制定方案。这种方法比较综合全面，是值得提倡的方法

4.3　物业管理方案文本的编写

不同类型物业项目的管理方案侧重点有所不同，方案编写体例也没有统一的格式要求。总体来说，物业管理方案文本主要包括以下几方面内容：

（1）项目管理的整体设想与策划

包括物业项目概况和特点、客户服务需求分析、服务指导思想、物业管理档次、管理服务的总体范围、服务质量标准、管理服务措施等内容。物业管理档次的确定是制定物业管理方案的基础，管理档次不同决定了管理与服务的项目、标准及费用的不同。

（2）物业管理服务模式

包括管理服务运作模式、工作流程、机构组织架构、信息反馈处理机制等。

（3）管理服务人力资源的管理

包括管理服务人员的配备、培训和管理计划与措施。

（4）管理制度建设

主要包括各项物业管理企业内部的管理制度。

（5）物业管理服务的具体内容和质量标准

包括业主入住接待、业主投诉处理、物业共用部位和共用设施设备的维修养护、安全保卫、车辆停放及交通管理、消防管理、环境保洁与绿化美化管理、特约服务等方面的具体管理和服务内容、服务形式、服务方法、物资装备、服务特色、服务承诺和质量标准等。

（6）物业管理财务收支测算

物业管理的服务标准和收费标准是物业管理方案的核心内容之一，物业管理财务收支测算包括物业管理服务费用的构成和收支测算、专项维修资金的筹集和使用计划等。物业管理服务费用的测算包括服务总价和各分项服务单价，需要列明各项物业管理费用测算明细表。

课题 5   物业管理中紧急事件的处理

5.1   发生火警时的紧急处理

5.1.1   火警应变措施

（1）切勿急躁，保持镇定。

（2）在可能情况下，以灭火设备扑灭火源，但要注意安全。

（3）如火势不能控制，应使用最近的消防楼梯走到一楼空地，并将火场内的情况及时报告消防队。注意不要使用电梯。

（4）逃生时弯身沿地板爬行；如必须通过火焰，应将所穿衣服浸湿，或将毛毯等浸湿后裹住身体迅速冲出。

（5）留守岗位，封锁现场，直到有关方面到现场处理为止。

（6）要了解和熟悉各个出口、火警警钟、灭火器和灭火喉的位置以及灭火器的使用方法。

（7）必须了解各主要通道和走火路线。

（8）保持走火通道畅通无阻，确保消防设备处于正常状态，留意其保养期限。

（9）发生火灾时应迅速向地面逃。

（10）为防止在危急中迷失方向，管理员一定要事先学会如何在危急中应变。

（11）尽快向主管报告事件发生情况。

5.1.2   消防警钟鸣号

当消防警钟号响时，立即到地下的消防控制室检查下列各控制板：

（1）消防喉辘、火警钟玻璃按手系统

如属消防喉辘，火警钟玻璃按手警钟，会使消防显示板显示所属该层的按手掣固定消防泵开动，立即到该楼层查看是否有火警。如属意外打破火警钟按手，则到消防控制室把控制匙插上，使警钟停止，再到消防泵房关上电掣电源，通知工程部更换损坏的玻璃。

（2）感应烟雾头

如属感应烟雾头警钟，应立即到现场查看是否发生火警，如发生火警，应向当班同事报告火警地点、位置，当班同事需在大厅等待消防车抵达，带领消防员到火警现场。如属感应烟雾头因其他原因引起误鸣的，应通知警钟控制中心，及时停止警钟，但不要还原灯号，要留待消防车到场检查收队后还原；若灯不能还原需要更换时，应致电警钟控制中心挂牌，待换好还原后除牌。

（3）消防花洒水流掣

具体做法与感应烟雾头相同。

5.2   停电、电力故障的紧急处理

（1）若电力公司预先通知大厦暂时停电，应立即将详情和有关文件呈交主管。

（2）管理处主管应通知物业管理公司并安排电工值班。

（3）停电通知应预先张贴在大厅的明显位置。

（4）当供电恢复时，管理员必须与电工技术人员检查大厦内所有电掣的正常运作情况；如有损坏，应立即报告主管，安排修理。

（5）管理处必须随时准备电筒和其他照明物品，以便晚间突然发生停电时使用。

（6）当大厦晚间发生突然停电事故时，管理员应立即通知主管和控制中心，安排工程部人员维修，并通知住户或业主有关停电情况，防止偷盗和抢掠，必要时应关闭大闸。

5.3 电梯困人的紧急处理

（1）当乘客被困在电梯内时，如有闭路电视和对讲机，必须把电视镜头移至困人的电梯，观察电梯内的活动情况，详细询问被困者的有关情况，并通知管理人员到电梯门外并保持联系。

（2）立即通知电梯保养公司紧急维修站派人解救被困者，并修理该电梯，在打电话时必须询问对方姓名及告知有人被困。

（3）被困者内如有小孩、老人、孕妇或人多供氧不足，必要时应请求消防人员协助。

（4）被救者救出后应询问：

1）是否有不适，是否需要帮助等。

2）提供姓名、地址、联系电话和到本厦的原因。

3）如被困者不合作及自行离去，则记录备案。

（5）必须记录事件开始到结束的时间、详细情形和维修人员、消防员、警员、救护人员到达和离去的时间，消防车、警车和救护车号码等。

（6）必须记录被困者救出的时间或伤员离开时间，查询伤员送往何处医院。

5.4 大厦漏水的紧急处理

（1）检查漏水的准确位置和所属水质，如冲厕水、工业用水或排水等，并立即设法制止漏水，如关上水掣；若不能制止应立即通知工程人员、管理处经理和中央控制中心，寻求支援。在支援人员到达前尽量控制现场，防止范围扩散。

（2）观察四周环境，漏水是否影响各项设备，如电力变压房、升降机、电线等。

（3）利用沙包和可用的物件堆箱，防止漏水渗入升降机等设备，并将升降机升到最高层，以免被水浸湿而使机械受损。

（4）利用现有设备工具，设法清理现场。

（5）如漏水影响日常操作、保养和申报保险，必须拍照片以便日后存档及作证明。

（6）通知清洁部清理现场积水，检查受影响范围，通知受影响住户。

（7）日常巡逻时，应留意渠道是否有淤泥、杂物、塑料袋，随时清理干净，以免填塞。

（8）如该地区及建筑物曾经有水浸记录，平时必须准备足够沙包，以备爆水喉及雨季使用。

5.5 雷暴和飓风的紧急处理

（1）必须检查大厦门窗是否关上、牢固。

（2）必须检查天台所有水箱盖是否上锁、牢固。

（3）擦窗机关上电源，放在安全地方。

（4）天台上杂物和材料必须清理、停放牢固。

（5）检查排水渠道是否畅通。

（6）风暴降临时应做好以下工作：

1）关闭公共地方的窗户，若需要，可加上胶纸。

2）检查各处排水道，确保无泥沙、杂物和塑料袋淤塞。

3）在大厅告示牌上贴台风警告标贴，通知住户或业主留意关闭窗户，收妥晒台上花盆、衣服等。

4）在大厅明显处张贴或竖立路滑标志。

5）如建筑物外有维修棚架、擦窗机等，应通知建造商采取防风措施。

6）准备清理水浸工具和防护用品，如沙包等。

7）持续收听气象台发布有关台风消息，保持与控制中心的联系。

8）留意该建筑物是否有水浸记录，应参照水浸紧急事件处理。

5.6 瓦斯与易燃气体泄漏的紧急处理

（1）当接到怀疑泄漏易燃气体报告时，应立即通知主管，并尽快赶到现场查看情况。

（2）抵达现场后，要谨慎行事，敲门进入后，不可打开任何电器。必须立即打开所有窗门，关闭煤气或石油气掣，严禁现场吸烟。

（3）通知所有无关人员离开现场；有关人员到场检查时，劝围观人员撤离现场。

（4）如发现有受伤人员，应小心妥善处理，等待救护人员和警务人员抵达现场。

（5）管理员在平时巡逻时应提高警惕，遇有不寻常气体味道时，应小心处理，对煤气及石油气总掣的位置和开关方法应了解、熟悉。

（6）将详细情况记录下来，呈交主管。

5.7 对盗窃及停车场被劫事件的紧急处理

5.7.1 对盗窃事件的处理

（1）管理处或控制中心接到通知后，应立即派有关人员到现场。

（2）如证实发生罪案，应立即打110报警，并留守现场，直到警务人员到达。

（3）禁止任何人员在警务人员到达现场前触动任何物品。

（4）若有需要，要关闭入口大门，劝住户和访客暂不出入，防止窃贼逃路。

（5）当警务人员到达后，应记录办案警官官阶、编号和报案编号，以作日后查阅、参考之用。

（6）认真对待传媒人员入内采访。

（7）尽快向主管呈交案情报告。

5.7.2 处理停车被劫事件

（1）车主、司机、乘客、车上的财物遭劫

1）报警并通知控制室。

2）留意匪徒的容貌、人数、有无凶器和汽车接应等情况，认准接应车辆牌照号码和逃走方向。

（2）收银处遭劫

1）通知大厦主管、控制室和警方。

2）不可接触任何物品，如收银机等。

3）查看现场是否仍有匪徒。

4）照顾受伤者。

5）当警务人员抵达现场后，应记录主管警官官阶、编号和报案编号，并尽快报告主管。

5.8　对偷车事件的紧急处理

（1）偷车者惯用的方法

1）直接进入停车场偷取汽车。

2）用偷来的汽车驶入停车场内，然后再偷另一辆车。

3）将管理人员扣留、恫吓或捆绑，然后偷取车辆。

（2）应采取的行动

1）通知控制室主管和警方。

2）记下被偷车的牌号、颜色和牌子。

3）记下偷车人数、相貌、服饰，是否持有凶器、汽车行驶方向等。

4）切勿拦截汽车。

5）等候警务人员到达，并记下主管警官官阶、编号和报案编号，以备日后查考。

5.9　可疑物件和恐吓电话的紧急处理

（1）各员工在巡视大厦时，如发现可疑物件，应及时上报主管和上司。任何人不准触摸可疑物件，工作人员指导住户或行人远离出事地点，主管如发现物件有可疑处，应报告中心主管和控制中心。如确定物品属危险品或爆炸品等，立即通知当班主管向110和中心求援。

（2）如接到恐吓电话或可疑电话，应保持镇定，与对方详谈，留意电话背景、动机及有何要求。如对方已收线，不要把电话挂断（待警方寻找电话来源），通知主管，报警并向公司报告。

5.10　车辆发生意外事故导致设备损坏的紧急处理

（1）应立即通知主管，并记录驾驶人的详细资料，登记车牌号和驾驶执照号码。

（2）详细记录被撞物件情况，并让驾驶人自愿签署承诺赔偿的承诺书，摄取现场情况，如损坏情况和肇事车辆。

（3）如建筑物设施损坏需紧急处理，必须尽快通知工程部或有关人员。

（4）尽快将详细情形记录下来，呈交主管；如有需要，经主管批准后向警局报案。

5.11　小区内私家车辆路上违规或遗弃车辆的紧急处理

（1）如发现法规指定标志的私家车辆路上有违例或遗弃车辆，应立即通知主管，并用摄像机将该车摄影，做详细记录。

（2）如怀疑该车辆为失车或车上有攻击性武器，必须立即报告警方。

（3）如违例私家车辆或遗弃车辆停泊在私家路上，私家路管处经理有权对该车执行锁扣行动，并收取规定的罚款。

（4）如车辆无人认领，经理应在锁扣车辆3天后书面通知车主；若在25天内不认领，车由警务处处理，并提供额外的保障，同时还应在报刊上刊登领车通知书。

5.12　拾获财物的处理方法

（1）在大厦公共场所，如走廊、楼梯等处拾获财物时，应立即向主管报告，并交给管理处，等待失主领回。

（2）将财物情况详细记录在记录簿上。

（3）当物主领回失物时，应说出失物日期、地点等详情。若情况符合，失主在记录簿上签收，并登记身份证号码；若有可疑处，可报警。

（4）记录详细情况，尽快呈交主管。

5.13　发现住户受伤或生病的紧急处理

（1）当发现有住户或其他人员在公共场所突然晕倒或意外受损伤时，必须通知管理处主管并打电话求助。

（2）将病者或伤者安置在适当地方休息，并设法通知其家人。

（3）妥善保管好伤者或病者的财物，当警务人员到达时，交警务人员处理。

（4）只有受过急救训练的人员才可采取措施急救伤者。

（5）尽量将伤者或病者与围观者隔离。

（6）记录详细情况，尽快呈交主管。

5.14　业主或住户投诉的紧急处理

（1）当住户或业主打电话或到管理处投诉时，管理员必须以礼相待，记录投诉的要点。

（2）应诚恳地表示将协助投诉者解决问题。

（3）立即报告主管，并讨论解决办法。

（4）处理业主或住户任何投诉时，必须耐心和礼貌，处理每一项投诉，向对方解释处理的方法和过程。

课题6　物业管理常用文书

在物业管理实务中，需要很多书面的文件材料，这里介绍部分文件的格式。

6.1　通　　知

通知是公文中最常见的一种形式，因其适用范围广，种类多，所以在撰写时不宜机械划一，通常的写法有指示性通知和告知性通知两种。

6.1.1 指示性通知

指示性通知，一般用于上级对所属下级指示、部署工作，阐明工作活动的指导原则和方法；传达上级的决定和指示、布置需要执行或办理的工作事项等。这类通知提出的要求应切合实际，语言表达要准确，文字要精炼。对要求解决什么问题，为什么要解决这些问题，怎样去解决这些问题，要写得清楚明白。

6.1.2 告知性通知

告知性通知，也叫发布性通知，包括事务性通知、会议通知、任免通知等。这类通知，在传达和告知需要下级单位、平行单位或不相隶属单位知道或者办理的事项时使用，在写法上比较简单。

通知正文由通知的缘由、通知的事项和通知的结尾三个部分组成。

（1）指示性通知范例参考：

关于印发《房地产统计报表制度（试行）》的通知

建住房〔2002〕67号

各省、自治区建设厅，直辖市建委及有关部门：

经国家统计局审核批准，《房地产统计报表制度（试行）》将于2002年3月11日开始试行。此报表制度主要包括"房屋概况、房地产交易、住房置业担保、房地产权属管理、住房公积金管理、房改及住房保障政策落实情况、住房公共维修基金、物业管理、经济适用住房建设"等九个方面的内容。现将《房地产统计报表制度（试行）》印发给你们，请按制度要求认真做好组织、上报工作。

附件：一、《国家统计局关于建设部房地产统计报表制度审核意见的函》（略）

　　　　二、《房地产统计报表制度（试行）》（略）

中华人民共和国建设部

二○○二年三月二十日

（2）告知性通知范例参考：

入户通知书

××先生（女士）：

您好！您所购买的××大厦×层×室，已经验收合格，准予入住。

1. 请您接到通知后按附表规定的时间前来办理入住手续。地点在_____，在此期间内，房产开发公司财务部、地产部、物业管理公司等有关部门将到现场集中办公。

2. 如果您本人因公事繁忙不能前来办理，可委托他人代办。代办时，除应带齐相关的文件外，还应带上您的委托书、公（私）章和本人的身份证件。

3. 如果您不能在规定的时间前来办理手续，可以在×月×日后到××房地产开发公司（地点_____）先办理财务和收楼手续，再到××物业管理公司（地点_____）办理入住手续。

4. 在您来办理各项手续前，请仔细阅读《入户手续书》、《收楼须知》和《缴款通知》。

特此通知

××房地产开发公司

××物业管理公司

年　月　日

入户手续书

××先生（女士）：

您好。您所认购的楼宇现已具备入住条件，请阅读《收楼须知》和《缴款通知书》，按如下程序办理入住手续。

1. 至房地产开发公司财务部。

已按合同交付楼款 特此证明   财务部盖章 　年　月　日

2. 至房地产开发公司地产部。

入住资格审查合格 特此证明   地产部盖章 　年　月　日

3. 至物业管理公司财务部。

已按规定交付各项入住费用 特此证明   物业公司财务部盖章 　年　月　日

4. 至物业管理公司管理处。

入住收楼事项办理完毕 特此证明   业主盖章 　年　月　日

收楼须知

××先生（女士）：

欢迎您成为××大厦的新业主！

我公司为提供良好的管理服务，现介绍有关收楼事项和有关收楼程序，避免您在接收新楼时产生遗漏而引致不便。望您认真阅读，勿遗忘。

1. 您应在接到楼宇入住通知书日起（以邮戳为准三个月内），前来办理产权登记和入住手续。逾期办理者，每逾期一天，应缴纳人民币×元的逾期金。超过半年不来办理的房产，由房产管理单位代管，代管期间的管理费仍由购楼业主承担；超过三年仍不来办理手续，视为无主房产，交由有关部门依法处理。

2. 您来办理入住手续时请带齐以下物件：

（1）购房合同《协议》。

（2）业主身份证或护照及图章。

（3）公司购买的还应带公司法人证件和公章。

（4）《入住通知书》。

（5）《入住手续书》。

（6）已缴款的收据（调换正式发票）。

（7）委托他人代理时，还应带上业主的委托书、身份证或护照（影印件）、代理人的身份证或护照。

3. 您办理手续时请按以下程序进行：

（1）至房地产开发公司财务部缴付购房余款，以原缴款收据换取正式发票，财务部将在入住手续书上签章。

（2）至房地产开发公司地产部审核入住资格，审验合格后，地产部将在入住手续书上签章。

（3）至物业管理公司财务部缴付各项管理费，费用缴清后，物业管理公司财务部将在入住手续书上签章。

（4）至物业公司管理处办理其他手续，主要手续有验收房屋、签订公共契约、领取《住户手册》、领取钥匙等。

当以上手续办好后，业主在入住手续书上签章，交管理处保存。

4. 您在收楼时，请认真查看室内设备、土建、装修是否有损坏或未做好的地方。如有投诉，请用书面材料告知，物业管理公司将代表业主与建设单位协商解决。

5. 依照大厦承建合同，大厦维修保养期为一年。一年内如有工程质量问题，承建单位将为业主免费修理；如因业主使用不当而引起的质量问题，由业主自己支付修理费用。

6. 您有权对所购房屋进行室内装修，但应保证绝对不影响大厦结构和公共设施。装修前，需向物业管理公司提出书面申请，获准后方可进行，并按规定缴纳一定的装修管理费。

××房地产开发公司

××物业管理公司

年 月 日

6.2 公 开 信

公开信是将不必保密并想让更多的人阅读讨论的事情和意见公布于众的信件，由标题、正文、结尾三个部分组成。

范例参考：

致全体住户的一封信

尊敬的住户：

您好！

欢迎您入住本小区。万科物业管理公司全体员工十分高兴为您提供各项管理服务。创造一个环境优美、卫生整洁、治安有序的居住环境是住户的希望，也是我公司的最大愿望。

为创造理想的居住环境，我公司除完善管理并竭诚为您服务外，还有赖于全体住户的真诚合作，鼎立支持。为此，我公司特制定了《住户手册》，请您认真阅读，并严格遵守《住户手册》的各项管理规定，配合我公司做好各项管理服务工作。在服务过程中，为改进我们的工作，诚挚地欢迎您对我们的工作提出宝贵的意见和建议。

谢谢您的合作！

万科物业管理公司
××年×月×日

6.3 倡 议 书

倡议书是集体或个人为发扬社会新风尚，推动某项工作或社会活动的开展，公开提出一些建议并用书面形式写出来加以公布。

范例参考：

倡 议 书

各物业管理企业和从业人员：

为贯彻中央关于启动住房消费、促进经济增长的战略决策，加快建立社会化、专业化、市场化物业管理新体制，进一步规范物业管理服务行为，提高物业管理服务质量，树立良好的物业管理企业形象，创建整洁、安全、文明、舒适的生活与工作环境，中国物业管理协会理事会全体理事向全体会员单位和全国物业管理企业和从业人员发起"提供满意物业管理服务"倡议：

一、认真贯彻执行国家法律、法规及政府的有关规定，接受行业主管部门的指导、监督，依法经营。

二、严格内部管理制度，加强职工队伍的思想建设和业务建设；对管理人员及维修、清洁、保安等员工培训后持证上岗，并佩带明显标志；工作中做到作风严谨，文明礼貌，恪守职责，服务周到。

三、做好房屋共用部位、共用设施设备的日常维修养护，保持房屋共用部位外观完好整洁和共用设施设备正常运行。

四、建立24小时物业管理值班制度，接到住用户报修电话或报修单，立即做好登记并按规定程序办理。接到水电急修报修电话或报修单，维修人员在半小时内到达现场提供急修服务；房屋小修自报修时起三日内上门服务，维修质量合格率100%。入户维修不扰民，活完料净场地清。建立维修回访制度，接受住用户对维修质量的评议。

五、按有关规定及物业管理合同的约定，规范物业管理收费，公开有偿服务收费标准，提供质价相符的服务。不得多收费少服务、只收费不服务。每半年公布一次物业管理服务费用收支情况，接受全体业主的监督。

六、按有关规定管理与使用房屋共用部位、共用设施设备维修基金。

以上倡议希望得到全国同行们的响应，让我们积极参与"提供满意物业管理服务"活动，虚心接受全社会对我们的监督，为促进和保障物业管理事业的健康发展作出应有的贡献。

中国物业管理协会理事会全体理事
××年×月×日

6.4 介 绍 信

为了便于联系工作，社会组织在派出人员与公众接洽时，往往要出具介绍信。介绍信的内容主要是对接洽人员的姓名、职务、联系事项等方面作出介绍和证明。

范例参考：

介 绍 信

××市物业管理办公室：

兹介绍×××同志等三人，前往你处联系物业管理有关事宜，请接洽。

此致

敬礼

万科物业管理公司（公章）
××年×月×日
（有效期为5天）

6.5 报 告

报告是下级机关向上级机关汇报工作、反映情况、提出建议、答复询问时所写的一种上行公文。它是一种重要的呈报性文件，一般由开头、主体和结语三个部分组成。

范例参考：

万珂物业管理处关于开展"假如我是住户"活动的情况报告

万珂物业管理总公司：

今年5月，我处组织全体工作人员，开展了"假如我是住户"的活动。在活动中，邀请了住户对我处员工的工作态度、服务内容、服务质量、满意率、及时率等进行了评比打分。通过开展该项活动，对于提高我处的工作质量和管理服务水平起到了较好的推动作用。

一、增加了我处员工与住户的感情交流，改变了以往有些员工在工作中态度生硬的现象。

…………

二、促进了工作不求上进的员工向工作先进的员工学习。

…………

三、摸索到了一些管理经验。

…………

特此报告

万珂物业管理处
××年×月×日

6.6 请 示

请示是下级机关向上级机关请求或批准有关事宜时所用的一种上行公文。由请示的缘由、事项和结尾三个部分组成。请示在公务活动中使用的频率较高。它虽然同报告一样都是上行公文，但报告是呈报性文件，请示却是请求指示的请求性文件，两者的性质截然不同，不能混为一谈。

范例参考：

金迪物业管理处关于解决停车位不足问题的请示

金迪物业管理总公司：

我处所接管的燕宇住宅小区因近年来私家车的持有量不断增长，原有的停车位已明显不能满足现在和今后停车的需要。

原设计停车位有 100 个，而现今小区实有车辆为 198 辆。为解决停车位不足这一问题，我处在征求小区住户意见后，经研究意见如下：

一、对现有绿地进行缩减。缩减后绿地率由原来的 20％下降到 15％，可以增加停车位 70 余个。

二、对各种健身、游乐设施占地进行缩减。小区现有的各种健身、游乐设施绝大部分利用率极低，在保留一定数量的各种健身、游乐设施后，可以增加停车位 40 余个。

三、增加停车位的资金由我处自行解决。

以上意见当否，请审核批复。

金迪物业管理处
××年×月×日

6.7 通　告

通告是用途最广泛的告启公众应当遵守、知晓或要执行的文种，其格式为：正文由通告的原因、事项和要求三部分组成，结尾一般采用"特此通告"。

范例参考：

防 风 通 告

由于很多住户非常关注在恶劣天气下（如遇到台风侵袭时）雨水渗入屋内的问题，本公司提醒各住户，目前一般楼宇所安装的门窗、拉门或摺门在台风侵袭期间大都不能完全防止雨水渗入，特别在当风之时。

请各住户预先做好准备，如卷起或移开窗帘，将地毯搬离，并准备足够的布块在需要时堵截雨水，防止雨水渗入屋内。

各住户还应注意以下几点：

1. 将玻璃窗与窗框之间的空隙用胶条或防水胶布密封，防止玻璃破裂后飞散。

2. 在台风侵袭期间，强风可能将玻璃窗摧毁，所以室内的人应尽量远离玻璃窗，尤其是当风之位置。

3. 应确保所有窗栓、门闩及门锁紧闭，并在台风期间经常检查，因强风有可能将上述设施吹至松脱。

4. 所有花盆、植物、家私等应搬离露天露台，并检查所有下水道。

5. 若有防风板、防风卷闸等设施，住户应自行安排装上和拆卸工作。大厦管理员在台风期间需负责公众地方的防风工作，所以无法协助个别住户在室内进行防风工作。

此外，住户必须注意有关单位的台风保险事宜。有关索赔详情可与投保的保险公司联系。

特此通告

各住户

金华物业管理公司

××年×月×日

6.8 计　　划

计划是单位或部门在未来一段时间内，为达到一定目的或完成一定工作任务而预先作出的安排和打算，由标题、正文和落款等组成。

范例参考：

××物业管理分公司2006年第一季度工作计划

根据总公司的安排部署，为搞好我公司第一季度的物业管理工作，特作如下计划：

一、任务与要求

（一）搞好我市物业管理市场的调查工作。

具体要求：……

（二）按照市物业管理中心的要求，继续在公司内部对物业管理工作中存在的问题进行自查。……

（三）公司员工继续开展"假如我是住户"的评比活动。……

……

二、实现措施

（一）于一月上旬召开全公司职工大会，布置具体任务。……

（二）抽调2名职工负责我市物业管理市场的调查工作。……

（三）公司各部门在自查的基础上写出书面材料。……

（四）邀请住户参加"假如我是住户"的评比活动。……

××物业管理分公司

××年×月×日

6.9　会 议 纪 要

会议纪要是用于记载、传达会议情况和议定事项的公文。会议纪要不同于会议记录。会议纪要对企事业单位、机关团体都适用。其格式内容为：

1. 标题。由"会议名称＋会议纪要"构成。

2. 导言。介绍会议召开的基本情况，如时间、地点，参加人，讨论的问题。

3. 会议的成果及议定的事项。应逐项列出。

4. 希望。

范例参考：

关于协调解决沙面大街56号首层房屋使用权问题的会议纪要

××年2月2日上午，××市政府办公厅×××主任主持召开会议，协调解决沙面大街56号首层房屋使用权问题。参加会议的有省政府办公厅交际处、胜利宾馆、市商委、市国土房管局、二商局、市外轮供应公司等有关部门的负责同志。

会议认为，沙面大街56号首层房屋使用权的问题，是在过去计划经济和行政决定下形成的历史遗留问题。早在几年前曾多次进行协调，虽有一定进展，但未有结果。最近，按照省、市领导同志"向前看"、"了却这笔历史旧账"的批示精神，在办公厅的协调下，双方本着尊重历史、面对现实、互谅互让的原则，合情合理地提出解决这宗矛盾的方案。

经过协商、讨论，双方达成了一致的认识。会议决定如下事项：

一、市外轮供应公司应将沙面大街56号房屋的使用权交给胜利宾馆。

二、考虑到市外轮供应公司在沙面大街56号经营了30多年，已投入了不少资金，退出后，办公地方暂时难以解决，决定给予其商品损耗费、固定资产投资和搬迁费等一次性补偿费用共95万元。其中省政府办公厅和胜利宾馆负责80万元；考虑到省政府领导曾多次过问此事和省、市关系，另15万元由××市政府支持补助。

三、省政府办公厅和胜利宾馆的补偿款于2005年5月31日前划拨给市外轮供应公司。市政府的补助款于6月5日左右划拨，市外轮供应公司应于5月31日开始搬迁，6月10日前搬迁完毕并移交钥匙。

四、市外轮供应公司原搭建的楼阁按房管部门规定不能拆迁。空调器和电话等6月10日前搬迁不了的，由胜利宾馆协助做好善后工作。

会议强调，双方在房屋使用权移交中要各自做好本单位干部群众的工作，团结协作，增进友谊，保证移交工作顺利进行。

6.10 简　报

简报是用来沟通情况、交流信息、介绍经验、反映问题的文件。其格式一般由报头、报核、报尾三个部分组成。

范例参考：

简　报

第×期

××物业管理分公司办公室　　　　　　　　　　　　××年×月×日

迎回归　举国欢庆　　抒情怀　万人签名

"××杯"庆九七香港回归万人签名留言活动圆满成功

为了表达我公司100多名职工对香港回归的美好祝愿，我公司参与了市委宣传部、团市委共同举办的"××杯"庆九七香港回归万人签名留言活动。活动于6月7日上午在市青少年宫、××厂、××商厦、××大厦同时举行。签名活动得到了市委、市政府的大力支持和省、市新闻媒体的广泛关注。

6月7日清晨，在青少年宫主会场，锣鼓喧天，人潮涌动。市委、市政府领导和省文化艺术界知名人士参加了签名仪式。……

仪式结束后，省市各界人士纷纷在长卷上签名留言。我公司经理张利斌以"香港回归，人民心愿"的题词道出了我公司100多名员工的共同心声。……

送：××物业管理总公司办公室

　　公司内各部门

共印20份

6.11 欢 迎 词

欢迎词，是指客人光临时，主人为表示热烈的欢迎，在座谈会、宴会、酒会等场合发表的热情友好的讲话。格式内容要求写作应落在对宾客的热烈欢迎之情上，要体现出迎客的诚意；欢迎词的开头，应对宾客的光临表示热烈的欢迎；欢迎词的主体，主要根据双方的关系，回顾相互交往的历程，阐明宾客来访的意义，展望美好的未来；欢迎词的结尾，应再次表示欢迎，并预祝来宾作客愉快。

范例参考：

欢 迎 词

女士们、先生们：

值此××物业管理公司成立10周年欢庆之际，请允许我代表××物业管理公司，并以我个人的名义，向远道而来的贵宾们表示热烈的欢迎。

朋友们不顾路途遥远专来贺喜，为我公司10周年庆祝更增添了一份热烈和祥和，我由衷地感到高兴，并对朋友们为增进双方友好关系作出努力的行动，表示诚挚的谢意！

今天在座的各位来宾中，有许多是我们的老朋友，我们之间有着良好的合作关系。我公司成立10周年能取得今天的成绩，离不开老朋友们的真诚合作和大力支持。对此，我们表示由衷的钦佩和感谢。同时，我们也为能有幸结识来自全国各地的新朋友感到十分高兴。

在此，我再次向新朋友们表示热烈欢迎，并希望能与新朋友们密切协作，发展相互间的友好合作关系。

"有朋自远方来，不亦乐乎"。在此新朋老友相会之际，我提议：

为今后我们之间的进一步合作，

为我们之间日益增进的友谊，

为朋友们的健康幸福，

干杯！

6.12 函

函是平行单位或者不相隶属的单位之间，相互商谈工作、询问和答复问题、向有关主管部门请求批准的一种常用公文。函由标题、正文和结尾三部分组成。

范例参考：

万珂物业管理公司关于选派工作人员进修的函

××大学：

我公司属新组建的物业管理公司，为提高工作人员的业务水平和操作能力，经研究决定选派×××、×××、×××三位同志分别到你校管理学院、计算机学院、建筑学院进修一年，进修费用按国家规定的标准，由我公司财务科统一一次付清。

能否接受，请予函复。

附件：三名技术人员情况登记表（略）

万珂物业管理公司

××年×月×日

6.13 请　柬

请柬是邀请他人参加某种会议、宴席、聚会活动的书面邀请书。采用请柬方式邀请显示举办者或主人的郑重态度。其格式内容因各种请柬内容不同，形式应有区别，但都必须将举办活动的名称、时间、地点、主办人、被邀请人写明白。

范例参考：

请　柬

××先生：

您好。我公司定于××年×月×日举行公司成立 5 周年纪念活动，当日下午 3 时在公司总部大礼堂举行纪念大会，恭请莅临。

此致

敬礼

××物业公司办公室

××年×月×日

实 训 课 题

1. 某公寓坐落于××市××地，是某房地产公司开发的高层××公寓，××年×月交付使用。为加强公寓的物业管理，现决定采用向社会公开招标方式，选聘物业管理企业。请拟写一份物业管理招标书。

2. 根据招标书及有关物业管理文件，请拟写一份物业管理投标书。

思 考 题 与 习 题

1. 解释名词：物业管理招标、物业管理投标、开标、评标、定标、物业接管验收、物业产权、物业产权管理、物业产籍、物业产籍管理、物业档案资料、可行性研究。

2. 物业管理企业参与物业管理投标常见策略有哪些？

3. 如何建立物业档案资料？

4. 举例说明物业管理中遇紧急事件如何处理？

5. 物业管理实务中有哪些常用文书？请各拟写一份。

单元 6　智能系统在物业管理中的应用

知 识 点：了解自动抄表系统的基本原理、功能，熟悉火灾报警与消防设备智能控制系统组成、工作原理，掌握消防设备的管理，熟悉消防管理各级组织机构职责，了解安防系统的组成及工作原理，熟悉安防管理的内容和管理制度。

教学目标：能熟悉 2～3 种自动抄表系统的原理和操作，能对常见消防系统进行维护与保养，会制订消防应急及疏散方案，能对治安管理中常见问题进行处理。

课题 1　自动抄表系统

1.1　概　　述

1.1.1　自动抄表系统的配置

自动抄表系统的配置要求，基本配置为：住宅内安装水、电、气、热等具有信号输出的表具，并将表具计量数据远传至住宅小区物业管理中心，实现自动抄表。以计量部门确认的表具显示数据作为计量依据，定期对远传采集数据进行校正，达到精确计量。上述表具也可采用 IC 卡表具。可选配置为：上述表具数据可远传到供水、电、气、热的相应职能部门。住户可通过居住区内部宽带网或 Internet 网查看表具数据或网上支付费用。

1.1.2　自动抄表系统的功能

水、电、气、热等表具远程抄收计量系统通过采集抄收各表数据传送到智能化物业管理中心，实现各户各表数据的录入、费用计算并打印收费账单，将相关数据传送到相应的职能部门，避免了入户抄表扰民和人为读数误差。IC 卡计量系统则通过使用 IC 卡表具，实现住户买卡后的水、电、气、热表具自动计量并能扣除卡中金额，从而达到计量和收费的目的。功能要求如下：

1）水、电、气、热等表具采用 IC 卡电子计量，必须计量准确，管理可靠。

2）水、电、气、热等表具远传自动抄收的各种数据，应可随时查询、统计，打印整个小区各表读数并计费。

3）远传抄收系统中心可实时检测系统运行状况，并进行故障报警。

1.2　自动抄表系统的方式和基本原理

1.2.1　预付费表具（如投币表、磁卡表、IC 卡表等）自动计量计费

（1）系统组成

该系统主要由三部分组成，即卡或"币"、管理系统和用户的控制单元，其工作过程为：首先，在水、电、燃气公司的管理中心建立用户档案，用户在有关公司的管理中心预付费并购卡或"币"；用户回家后，将卡或"币"插入（或投入）表具控制单元，控制单

元将卡或"币"的数据读入，并判断其合法性；正常情况下，将自动打开阀门或电气开关，允许用户用水、用电或用气；当卡中金额不足时，提示用户再次交费；卡中金额为零时，自动关闭阀门，需重新插入有效卡（币）后才能恢复使用。

（2）预付费热量表智能管理系统

预付费热能量管理系统，是用户给 IC 卡中存钱来购买热量，单片机实现用户热能量消耗的计算和统计，适用单片机抄表器进行集中抄表，管理部门用计算机进行售热管理。

1）系统组成

预付费式 IC 卡热量表智能管理系统是由 IC 卡热量表、集中抄表器和计算机热能量信息管理系统组成。集中抄表器和热量表之间的通信采用 220V 交流电源载波通信方式。

热量表由 IC 卡识别系统、数据采集系统、热能量状态显示系统、热能量通断控制系统组成，可自动将用户购买的热能量值防伪识别后存入热量表中，通过实时检测热能量系统数据，计量用户消耗的热能量和剩余热能量，并分别显示出来。

2）热量表的原理

热量表主要由超声波流量传感器、温度传感器、温度变送器、单片机最小应用系统、IC 卡、IC 卡接口、数据存储器、电力载波通信模块等组成。铂电阻温度传感器用来预测量热能量系统的进出水温度，超声波流量传感器用来预测量热能量系统的水流量。

热量表具有 IC 卡密码识别、温度显示、流量显示、消耗热能量显示、剩余热能量显示、最低剩余能量显示、掉电数据存储、用户自行控制系统通断等功能，并且具有电力载波通信功能，便于组成网络系统。

3）集中抄表通信系统

该系统用于管理部门对用户热量表的状态进行检测、运行情况监察、总消耗能量的计量，为热能量供应部门合理安排生产和管理提供依据。

电力载波接口电路和单片机结合可构成电力载波通信系统，具有较高的灵敏度和抗干扰能力。

抄表器由单片机、16 键键盘、数据存储器、LED 显示器和电力载波通信接口组成，是体积很小的手持仪器。通过用户的 220V 交流电源线与用户热量表通信。抄表时输入密码后，可读出和存储该密码热量表的剩余热量值和窃热计量值。每次抄表可存储 2000 只热量表的数据。抄表器通过并行口和计算机通信，抄表结束后，接入计算机，运行相应软件，可读出抄表器储存的用户数据。

4）热量表管理系统

其功能如下：IC 卡系统密码识别、用户信息档案管理、购热量值的按用户分类计算和写入、购热能量的打印、销售统计打印日报表、月报表和年报表。有管理员和操作员两种管理级别。IC 卡读写器采用专用读写器，与计算机串行通信进行读卡和写卡操作。

1.2.2 远程自动抄表系统

该远程自动抄表系统主要由数字式水表、电表、燃气表、热力表等仪表、采集器、传输系统和物业管理系统主机等设备组成。水、电、燃气、热力表等都利用电子或传感技术改造成能发出与走量成正比的脉冲信号数，并保持原表计量显示部分。具有数字化输出的多表作为系统前端计量仪表，采集器是采集各表具的脉冲数，并将采集结果进行长期保存。当物业管理系统主机发出读表指令后，采集器立即向管理系统传送多表数据。采集器和物业管理主机采用双方规定的某种协议进行通信，确保传输过程数据信息的正确性。物业管理主机负责多表数据采集指令的发出、数据的接收、计费、统计、查询、打印及将收费结果分别传送到相应的多表公司职能部门的计算机上。

目前，国外绝大部分国家和地区应用了远程抄表技术，主要分为以下三种方案：集中抄表（表具出户，集中在楼宇）、电力载波传输以及 FTTB＋LAN 传输。但这三种方案都有其自身的缺陷，如集中抄表只解决了不用入户的问题，但仍然耗费大量人力资源；电力载波传输的数据传输可靠性较差，无法实现数据的实时采集；FTTB＋LAN 传输的缺陷在于投资费用太高，因此普及程度和覆盖率根本达不到远程抄表系统的要求。

国内随着住宅小区的大面积建设和智能化程度的要求，应运而生了许多生产自动抄表系统的厂家，自动抄表技术也逐渐成熟，尤其是近年来住宅小区智能化的建设过程中，三表（四表）等出户计量是必须配备的系统，更加促进了该领域的发展，基于有线、无线的抄表远传；基于总线式、电力载波、电话网、HFC、IP 的抄表远传系统在各种各样的住宅小区中已普遍使用。

1.3 远程自动抄表系统介绍

1.3.1 无线抄表系统

（1）无线抄电表系统

本系统无线网络集抄器采用了当今先进的 FLASH 闪存技术，其单片机采用双 CPU 结构技术，在抗干扰和避免死机方面采用了看门狗电路技术，在数据传输方面采用了当今成熟的 GSM 无线数字通信技术和未来的 GPRS 技术，保证了数据传输的稳定性、可靠性、准确性和及时性；另外在用电数据分析中采用了先进的运筹优化技术，对接收的数据进行统筹分析，不但能及时发现用电网络所出现的异常问题，而且对今后工作的决策也能提供有力的支持。

1）系统结构

本系统包括两个子系统：无线远程自动抄表子系统和用电分析管理子系统。

无线远程自动抄表子系统：该子系统包括无线远程抄表中心和无线集抄器两部分，其结构如图 6-1 所示。

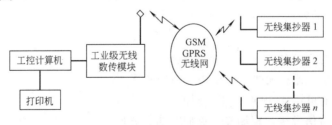

图 6-1　无线远程自动抄表子系统

无线远程抄表中心由工控机、无线数传装置、打印机和远程抄表管理软件组成，如图 6-2 所示。

无线集抄器由双单片机、工业级无线数传模块、485 通信接口模块和抄表控制软件组成。

2）用电分析管理子系统

系统主要功能及特点：

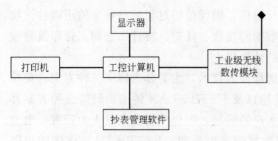

图 6-2　无线远程抄表中心结构

A. 无线集抄器每天定时通过短信方式及时准确的上传所有电能表数据到中心计算机。

B. 无线集抄器智能判断某电能表是否走字异常，一旦发现异常及时报警到中心计算机。

C. 中心计算机可随时抄录任意选定电能表的数据，也可以任意规定要抄录的电能表各数据项。

D. 无线集抄器能自动发现新增表、轮换表和拆卸表，并自动记住表的起止码及时发送到中心计算机，保证电能表在维护过程中电量不丢失。

E. 无线集抄器的电源转换为数字开关电源模块，所以外接交流 110V 或 220V 均可。

F. 每个无线集抄器的最大容量为 128 只电能表，它兼容多种 485 通信协议，所有不同通信协议的电能表都可以并接在同一总线上。

G. 无线通信模块采用工业级的最新产品，它兼容当今成熟的 GSM 网和未来的 GPRS 网，从 GSM 网升级到 GPRS 网，只需修改软件即可，无需硬件的重复投入。

H. 系统能自动无线远程抄表，自动对数据进行判断分析，发现问题及时报警，报警时出现声光显示。

3）补充方案

A. 若在个别的变电所无 GSM/GPRS 信号，需增加"无线数传电台（一对）＋ 数传模块装置（GSM/GPRS）"附加设备；

B. 若在个别的变电所无 GSM/GPRS 信号，使用电力调度电话抄表：工业级有线智能集抄器（网络版）。

（2）无线煤气表户外计量系统

1）系统原理

无线远传煤气表独立读取煤气表数据并进行处理。计算机对与之相连的无线发送/接收器发出数据采集命令，使其发出通信信号，当某一无线远传煤气表接收到信号后，反馈该表的读数；当计算机依次读完所有煤气表后，计算机提示发送通信结束信号，然后计算机对数据进行有效的管理。如图 6-3 所示。

2）系统特性

A. 无线远传煤气表独立读取和处理数据。

B. 内置数据采集器和无线通信模块，结构紧凑。

C. 内置锂电池可保证 50000h 工作时间。

D. 楼内不用布信号线，现场安装更加简洁、方便。

E. 采用"双信号采样"，数据准确可靠。

F. 无线发射器/接收器与管理中心计算机采用 RS232 或 RS485 接口。

（3）无线＋电话线远传抄表系统

CBB-XR3B-2001 型是短程无线通信＋电话线远程抄表系统，该系统机基于蓝牙技术，在进行旧的住宅小区改造时可选用，该系统解决了旧城区住户无法实现远程联网抄表的问题。如图 6-4 所示。

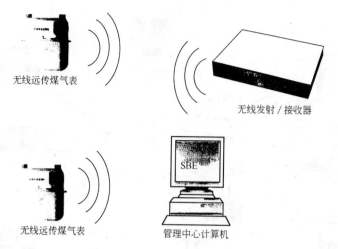

图 6-3 无线煤气表户外计量系统

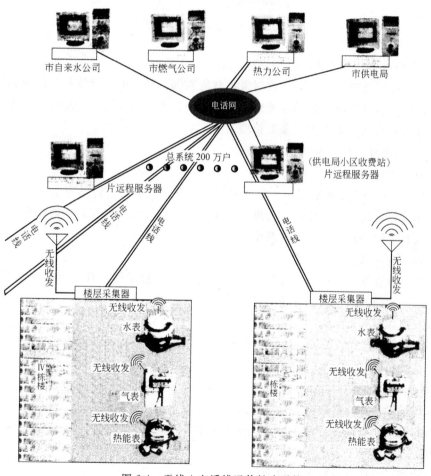

图 6-4 无线＋电话线远传抄表系统

1.3.2 PSTN 电话网远程抄表系统

PSTN 电话网远程抄表系统主要由远传（水、电、煤气）表、数据采集器、网络服务

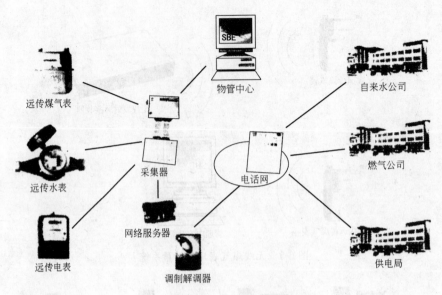

图 6-5 PSTN 电话网远程抄表系统

器、标准 Modem 和中心抄表计算机组成。如图 6-5 所示。

网络服务器可适时自动采集各数据采集器的数据。管理中心计算机通过电话网、Modem 及网络服务器可实现系统远程采集和远程维护。也可以采用专线连接，由物业管理中心抄表计算机对数据采集器实时采集管理。

1.3.3 电力载波抄表系统

(1) 系统特点

JD 2001 电力载波抄表系统 2.0 版，是一套专供管理部门进行远程集中抄表用电管理的应用软件系统，具有如下特点：管理员、操作员、领导分级操作；不同操作者具有不同的部分划分和不同的操作权限，本系统具有严密的权限管理。

支持多供电区域和多用户类型。

提供集中器管理、用户（电表）开户、远程抄表、自动抄表日设定等用电管理功能。提供电子地图功能。支持数据库压缩、自动修复和密码保护。

其系统图如图 6-6 所示。

图 6-6 中集中器和载波调制解调器可看作一个器件，共同协作完成电力载波通信。

(2) 系统功能

1) 系统日志

读取和设置各种计量数据、管理参数；

费用的统计、查询、备份、报表、收费单生成；

三表管理，设置三表原始参数、地址、费率及其状态；

费率管理，可任意设置多种费率；

小区管理，对各小区设置通信参数；

用户管理，管理和控制每个单位的用量、时间等，管理用户的结算方式。

2) 事务日志管理，如表 6-1 所示。

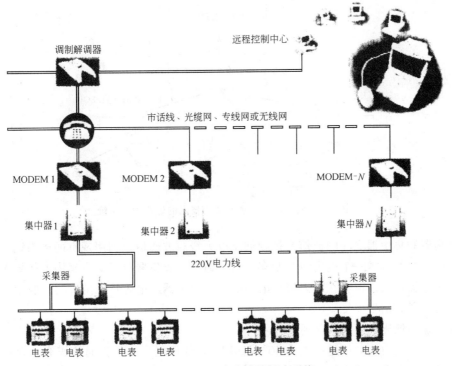

图 6-6　JD 2001 电力载波抄表系统

JD 2001 电力载波抄表系统事务日志管理　　　　　　　　　　表 6-1

序号	系统功能	说　　明
1	系统管理功能	管理操作人员及其权限,各种系统安装数据,各种通信设置
2	定时抄表功能	对系统所有表进行定时抄表,每天最少抄一次,抄表次数可保留末次抄表数据
3	实时抄表功能	实时抄取任一表当前数据及状态
4	自动校时功能	定时抄表时自动校正系统内装置的时间
5	断电功能	用户违章时可切断电源(由硬件决定)
6	断线检测功能	信号线接触不良或断线时,系统自动显示
7	防窃功能	对系统内违章行为进行监督
8	断电数据保留功能	系统或某设备断电时,数据长期保留
9	短路检测功能	信号线短路时,系统自动显示

1.3.4　电力线载波通信的远程抄表系统

(1) 系统组成

系统结构图如图 6-7 所示。

1) 电表至收集器

收集器由脉冲转换器加上数据缓存器组成,脉冲转换器将传统的模拟电表信号转换成数字式脉冲输出,将收集到的电表数据临时存在数据缓冲器中。集中器可通过读取缓冲器中的数据来读取电表的读数。

2) 收集器至集中器

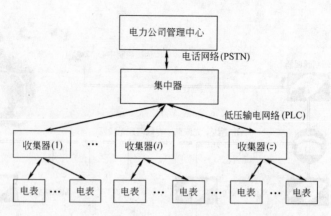

图 6-7　低压电力线载波通信技术的远程抄表系统

收集器和集中器之间的通信为扩频低压电力线载波通信,利用现有的电力线,在收集器和集中器之间各需一个电力线调制解调器。通常,收集器只可响应集中器的要求,不能主动和集中器通信。但若在有人擅自改动电表、收集器断电等特殊情况时,收集器可主动向系统发出紧急信号。

（2）扩频低压电力线载波通信技术

因为低压电力线的信道范围为 $50\sim400\mathrm{kHz}$,低压电力线作为通信媒介,存在各种干扰,如各种开关电源的窄频干扰、高压尖脉冲等。为了克服这些干扰,可利用扩频通信技术。扩频通信就是通过编码及调制的方法将信号所占有的频带扩展为远大于所传信息必需的最小带宽,因此扩展了信号的频谱。这样即使一小部分的频谱受到干扰或衰减都不会使信号产生严重的畸变,使扩频通信的抗干扰能力特别强。低压电力线载波通信系统原理,如图 6-8 所示。

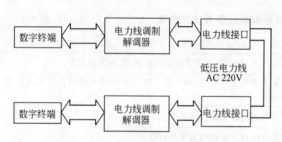

图 6-8　低压电力线载波通信系统原理

发送数据时,发送机先将数据调制在一个高频载波再耦合至电力线上,耦合信号为几伏的高频信号,不会对电力线路造成不良的影响。接收方则在电力线路中通过解调电路分离出原数据。

（3）集中器至电力公司管理中心

集中器至电力公司管理中心的通信距离通常会超过 $1\sim10\mathrm{km}$,一般在可靠性的要求下,不使用电力线载波通信。可使用电话网络（PSTN）的调制解调器拨号网络。

（4）工作流程简介

抄表系统的组成如图 6-9 所示。

管理中心的服务器发布各种命令,如察看电表的数据、修改电表终端参数或重置系统等。电表的读数定期通过转换器储存在收集器的缓存中,集中器将来自管理中心的命令经电力线调制解调器送至收集器,集中器的电力线调制解调器从 220V 的电力线中收到相关的命令后,就在缓冲器中找出相应的数据并将其传回至管理中心。

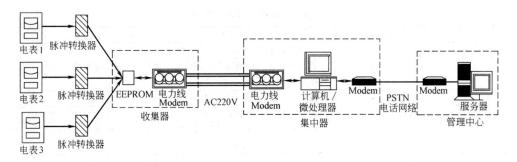

图 6-9　抄表系统的功能结构图

电力线通信的远程抄表系统的应用，为电力公司的收费自动化提供了可行的方法，本系统还可应用于住宅小区水表、燃气表、电表等自动收费和管理系统中。

1.3.5　基于 IP 宽带网络技术的远程抄表系统

随着网络技术的不断发展，宽带网络在新建住宅小区已逐步普及。旭日 ST3000 远程抄表系统是思创集团综合了国内外许多同类产品优点基础上自行研发的第三代远程抄表系统，采用宽带以太网作为传输网络，采用国际通行的 TCP/IP 协议，现场网络沿袭思创特有的分布式总线制抄表网络，可实现住户的水、电、气、饮用水、供热等多表的远程自动抄表和收费管理。

（1）系统特点

1）基于 IP 宽带局域网，采用 TCP/IP 协议，简化系统布线；

2）系统配置灵活，既可应用于行业主管部门也可应用于小区管理；

3）管理中心可设在 Internet 上任意位置，可实现多级管理，特别适合行业管理部门或大型物业管理公司；

4）系统功能强大，具有抄表、远程控制、故障报警三种功能，系统灵活，既可单独抄表，也可和控制混用；

5）上层传输网络采用 IP 宽带网，下层采用 RS485 工业控制总线；

6）系统容量大，一套系统抄表数量理论上不受限制；

7）采用分布式控制技术，模块靠近计量表安装，缩短脉冲传输距离，计量准确，系统可靠性高；

8）现场网络采用总线结构，系统施工简单，维护方便；

9）提供二次开发函数库，系统集成商可方便融入其他智能系统。

（2）系统功能

系统功能如表 6-2 所示。

（3）系统组成

ST3000 远程抄表系统由管理中心、远程数据传输网络、现场抄表网络三大部分组成。管理中心包括抄表管理软件和管理计算机；远程传输网络采用标准 TCP/IP 协议的宽带数据网；现场抄表网络包括 RS485 现场总线、智能终端 IPD、系统电源、抄表模块、脉冲表、控制模块、执行设备。如图 6-10 所示。

序号	系统	功能说明
1	远程抄表	管理中心定时、实时自动抄收水、电、气表
2	远程控制	管理中心远程控制每户水、电、气的供应与中断,可利用该功能实现预付费功能
3	故障报警	系统某一部分出现故障,管理中心自动报警
4	查询功能	用户可在网上查询表读数
5	统计分析	提供水、电、气数据统计分析功能,自动生成各种报表、单据,并提供曲线图、柱图、饼图等多种分析工具

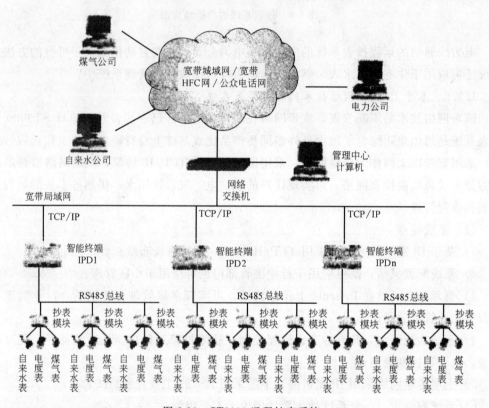

图 6-10 ST3000 远程抄表系统

(4) 管理中心系统

管理中心系统由计算机和管理软件组成,系统软件平台为 Windows98/2000/NT 操作系统,全中文 WEB 界面,功能齐全,操作简单,显示直观,采用模块化结构设计,具有良好的系统扩充能力和网络处理能力,开放的数据库接口,与收费管理系统、银行托收系统等数据共享。

1.3.6 基于分布式控制技术的远程抄表系统

彩虹 ST2000 远程抄表系统采用分布式控制技术,分别计量,集中监控,成功解决了原有抄表系统精度低、故障率高等问题,将远程抄表技术向前推进了一个新的水平。

(1) 系统特点

1) 系统功能强大,具有抄表、安防和远程控制三种功能,系统设置灵活,可以设置成单一的抄表系统,也可以设置成任意两种或三种功能。

2）传输网络平台多样，既有传统的 RS485 方式，又可以采用双向 CATV 网络，以及更先进的 IP 宽带网或广电宽带网 HFC。

3）系统容量大，每台计算机可连接 4000 个智能终端 CDT，每个 CDT 可连接 32 个模块，单台计算机最多可连接 12 万多个设备。

4）智能数据控制终端 CDT 功能灵活，每个功能模块的控制类型可根据实际需要进行灵活的定义和选择。

5）系统可靠性高，功能模块与智能数据控制终端 CDT 采用总线制连接，简化布线结构，施工简单，维护方便。

6）采用分布式控制技术，抄表模块靠近信号采集表安装，防止计数脉冲因传输距离过长而产生脉冲丢失和干扰，计量精度高。

7）系统软件功能完善，模块化、图形化设计，全过程全中文帮助，操作简单方便。

（2）系统功能

系统功能如表 6-3 所示。

彩虹 ST2000 系统功能　　　　　　　　　　　　　　　　表 6-3

序号	系统功能	说　明
1	远程户外抄表	替代传统的人工抄表方式,管理中心远程检测,自动抄录住户电表、水表、煤气表的读数
2	住宅安全监控报警	提供家庭安全的监控手段,可实现家庭防火、防盗、防煤气泄露、医务求助等自动报警和人工求助功能
3	故障报警	系统某一部分出现故障,营业中心自动报警,并在电子地图显示故障位置和故障情况
4	远程控制	提供家庭供电、供水、供气的中央通/断控制功能;当发生欠费或火灾、煤气泄露等情况时,可通过管理中心计算机关断煤气、用电等设施
5	电子地图	当小区出现异常自动或人工报警情况时,管理中心通过电子地图和客户信息记录,同步找到异常的区域,以便采取必要的措施
6	统计分析	在小区管理计算机上提供住户用水、用电、用气等数据统计、分析功能,并提供相应的报表

（3）系统组成

ST2000 远程抄表系统由营业中心管理系统、远程数据传输网络、现场抄表网络三大部分组成。管理系统包括：抄表管理软件和管理计算机；远程传输网络有三种：公众电话网、宽带数据网、有线电视数据网；现场抄表网络包括协议转换器、现场总线、智能终端 CDT、抄表模块、脉冲表、控制模块、控制阀，如图 6-11 所示。

（4）物业中心管理系统

物业中心管理系统由计算机和管理软件组成，系统软件平台为 Windows98/2000/NT 操作系统，全中文交互式图形界面，功能齐全，操作简单，显示直观，采用模块化结构设计，具有良好的系统扩充能力和网络处理能力，开放的数据库接口，与收费管理系统、银行托收系统、自动催交系统等实现数据共享。

（5）管理软件功能

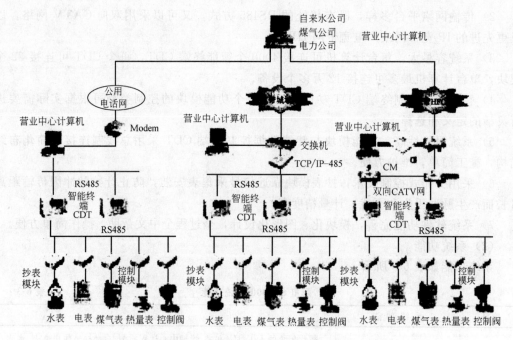

图 6-11　彩虹 ST2000 远程抄表系统

管理软件功能表 6-4 所示。

彩虹 ST2000 管理软件功能表　　　　　　　　　　　　　　表 6-4

序号	软件功能	说　明
1	系统登录	操作使用软件前,操作员通过此项登录操作取得相应权限
2	系统基本信息	包括建立楼宇结构信息、住户基本信息、住户安装设备基本信息等操作
3	读表管理	包括实时读表、制定和执行读表计划等操作
4	安防管理	包括实时安防监控以及制定安防计划等操作
5	后台进程管理	启动/关闭自动读表、安防后台进程
6	报警信息	包括报警和故障报警的历史信息,提供报警处理功能
7	数据校核统计分析	提供读表数据查询、人工校核读表数据、读表数据结算、统计、报表功能
8	系统维护	系统基本参数和数据设置、操作权限设置、数据备份和维护等

1.3.7　基于数码智能技术的三表远传仪

针对已建小区三表出户的要求,各地水、电、气部门都在进行"一户一表、抄表到户"的改造,由于存在改造费用高、改造工程量大、改造后抄表工作量大等问题。针对这一问题,思创集团开发了计星 SYX-12、抄星 SYX-32 三表远传仪,为已建小区改造提供一条新路。如图 6-12 所示。

（1）系统特点

1）采用高性能锂电池,无需外接交流电,省电式设计,工作时间长达 8a;

2）一次自动抄录多个计量表数据,提高工作效率,杜绝人为误差;

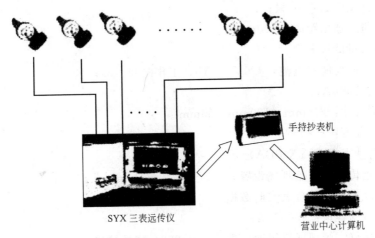

SYX 三表远传仪　　　　　　营业中心计算机

图 6-12　基于数码智能技术的三表远传仪系统

3）具有故障报警功能，远传仪显示故障通道；

4）存储最近 12 个月数据；

5）改造费用低，工程量小，施工简单；

6）预留 RS485 联网接口，以后可扩展为远程自动抄表系统。

（2）抄表管理系统

抄表管理系统软件平台为 Windows98/2000/NT 操作系统，全中文交互式图形界面，功能齐全，操作简单，显示直观，全中文帮助，采用模块化结构设计，具有良好的系统扩充能力和网络处理能力，开放的数据库接口，与收费管理系统、银行托收系统数据共享。

（3）计星 SYX-12 远传仪（SYX-JX12）

1）系统实时读数与计量表计数器示值之差不大于±1 个整数有效位；

2）与手持抄表机接口：DB9，RS232 数据线，红外接口；

3）联网接口：RS485；

4）与计量表接口：64 口插座，4 芯数据线；

5）连接计量表数：16 只；

6）与计量表通信距离：100m；

7）每路都具有磁扰、短路、断路报警功能；

8）电池电量低报警；

9）电源：高性能锂电池，3.6V，7Ah，工作时间＞8a；

10）功耗：500μA；

11）外形尺寸：250mm×180mm×65mm；

12）工作温度：−20～＋75℃。

（4）抄星 SYX-32 远传仪

1）系统实时读数与计量表计数器示值之差不大于±1 个整数有效位；

2）与手持抄表机接口：DB9，RS232 数据线，红外接口；

3）联网接口：RS485；

4）与计量表接口：64 口插座，2 芯数据线；

5）连接计量表数：32 只；

6）与计量表通信距离：100m；

7）电池电量低报警；

8）电源：高性能锂电池，3.6V，7Ah，工作时间＞8a；

9）功耗：500μA；

10）外形尺寸：250mm×180mm×65mm；

11）工作温度：-20～+75℃。

（5）手持抄表机（SYX-PDA）

1）用于远传仪的初始现场设置；

2）用于现场抄读计量表实时数据；

3）抄表数据容量：45000 条；

4）与远传仪、管理计算机通信方式：RS232，红外接口。

1.3.8 多表自动抄收计费系统

（1）系统组成

系统由基表、传感器、线路维护模块、数据采集器、中央控制器和上位机组成。数据采集器与中央控制器之间通讯采用总线或电力线载波（PLC）两种方式。系统组成如图 6-13 所示。

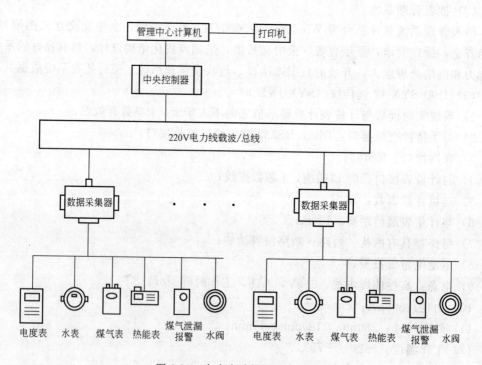

图 6-13　多表自动抄收计费系统

1）基表

基表有冷水表、热水表、电度表、煤气表、热能表等，如表 6-5 所示。

2）传感器

序号	种类	说　　　明
1	电度表	电子式电度表输出与负载电能成正比的脉冲信号,以消耗每 kW·h 电能输出脉冲个数来表示电度表参数(称仪表常数),数据采集器对电度表输出脉冲进行计数,便可计量所耗电能大小
2	冷水表、热水表、煤气表	均采用机械式基表加上传感器完成数据远传输出功能,远传表输出的数据为脉冲信号
3	热能表	由热水流量计、一对温度传感器和中心计量仪表组成。流量计装在供水管(或回水管)上,通过电子读数元件产生脉冲数与水流量成正比例,计数器自动记录流量脉冲数。一个温度传感器装在入户供水管上,测量供水温度;另一只传感器装在出户回水管上,测量回水温度。中心计量仪表根据热水流量及供、回水温差计算出所耗热能大小,并在显示屏上显示累计的热能消耗。另有远传输出端输出脉冲。热能单位以 kW·h、MW·h 表示

机械式水表和煤气表加装传感器来实现与用量大小成比例的脉冲输出。常用传感器有干簧管、红外光电。以水表为例,传感器由一只干簧管、一只磁钢和相应电路组成。磁钢固定在转动的码盘上,干簧管固定在靠近码盘的基座上。码盘随着水量增加而转动,当磁钢接近干簧管时,干簧管闭合,通过外接电路,输出一个代表用量的脉冲。磁钢若固定在代表 0.01m³ 的码盘上时,则每耗 1m³ 水输出 10 个脉冲,仪表常数为 10imp/m³。

3) 线路维护模块

线路维护模块是一个电阻网络,是数据采集器中线路故障检测电路的组成部分,该模块安装在基表内或接线盒里,计算机通过该电路可判别水表、煤气表的传感器电路是否出现短路或断路故障。

4) 数据采集器

由微处理器、调制解调器、唤醒电路、线路故障检测电路及供电电路组成。采用总线通信时,数据采集器不含有调制解调器。数据采集器有 12 个输入端,可接水表、煤气表等 12 个用户终端。在停电时,微处理器由内中可充电电池供电,继续采集和保持数据,并能连续工作 240h。

5) 中央控制器

中央控制器是连接上位机的数据采集器的桥梁,它根据上位机的指令来读取各个数据采集器的数据。

中央控制器与数据采集器之间通讯有两种方式,一种是总线方式:通过 RS-485 通讯口,数据直接经总线(双绞线)传输;二是电力线载波方式:数据经过调制解调器形成 FSK 载波信号,在低压电力线上传输。中央控制器通过 RS232 口与上位机通信。

6) 上位机

上位机是管理中心计算机。上位机通过中央控制器读出各个数据采集器的数据,并进行各种处理,从而实现自动抄表计费和其他数据处理功能。上位机、中央控制器和打印机均放置在管理中心办公桌上。另外,停电后,为了保证上位机能处理现场,应设置 UPS 不间断电源,UPS 供电时间不低于 20min。

(2) 系统功能

户外自动抄表计费系统软件以中文 Windows98 为平台。系统软件由数据采集模块、数据处理模块和系统维护模块组成,能完成功能如表 6-6 所示。

序号	系统功能	说 明
1	自动普查	中央控制器对底层数据采集器进行巡检,将各基表的当前读数及地址编码送给上位机
2	跟踪查询	中央控制器根据上位机给出的地址,对某一只基表进行连续检测,将该表的读数不断地发给上位机,在上位机的屏幕上显示由程序产生的模拟表实际的运行状态
3	数据查询	根据用户编号、姓名查询各表的用量、费用、计费日期以及历史数据等信息
4	数据输出	可将数据库中的各项相关信息转换为其他系统要求的格式传送,如:DBF、XLS、TXT
5	用户档案	用户档案的建立、修改、删除和用户卡的初始化
6	费率设置	设置和修改水、电、热和煤气的单价
7	操作员维护	操作员编码、名称、口令的建立、修改和删除

1.3.9 CBB智能抄表系统

(1) 系统结构,如图6-14所示。

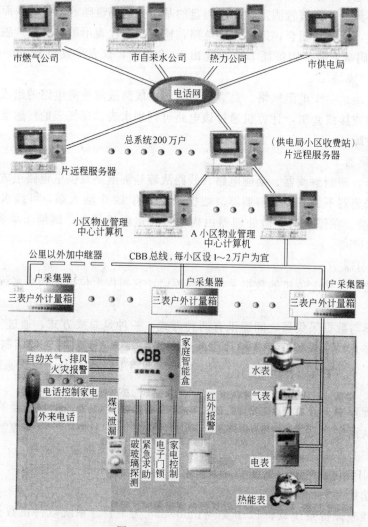

图6-14 CBB智能抄表系统

（2）功能

1）采集储存电、水、气、热能量化电脉冲数据。

2）有煤气泄漏报警和自动关断功能、有防盗入侵报警功能、紧急求救按钮功能。

3）有防破坏传输线路的断路短路报警功能。

4）有自动收费功能：XR3B-2000 型每天零点计算机采集，当预付金额不足时，主机向用户每天早上 6 点及晚 9 点（这时用户常在家）自动拨通并有电子小姐告诫："请速交费，否则用完钱全家将自动停电。"每天都自动通知，直到用户来物业管理处交费为止，如果停电，用户来交费后 10s 自动送电。

XR3B-2000 型每月自动汇总打印出各专业公司的费用，电水气热每月的用量，向各有关水电气热公司拨款。如果是在银行有户头或内部银行就可自动划拨。这种系统也可扩展到其他收费业务。

（3）技术参数

1）系统在 Windows95/98/2000 环境运行，采集器电源为 5V。

2）信号用模拟—数字混合传输技术，旨在提高抗干扰能力，传输距离远，大于 1km。

3）电、水、气、热脉冲×水电气热当量。

4）数据传送波特率 33kbit/s 左右。

5）热量是水流量与出入水的温度差×系数。

这里仅介绍以上九种远程抄表系统。三表（或四表、五表）远程抄表系统方案较多，各有优缺点。总的说来，抄表管理系统应力求操作简单方便，查询灵活多样；抄表系统不应是简单的抄表管理，物业管理和行业管理的管理要求也应在系统中得到充分体现；而且系统应充分考虑到现实生活中的一些特殊情况，一旦遇到某种特殊事件时，系统要能及时处理。

课题 2　智能消防系统及管理

智能建筑尤其是高层建筑首先应考虑的是安全性，一般智能建筑的消防控制中心与安防、设备自控管理中心设置在一起，是整个物业设备设施管理的核心。

2.1　消　防　系　统

2.1.1　消防系统的组成

（1）消防控制系统

典型的消防控制系统如图 6-15 所示。

（2）系统工作原理

系统的工作原理是：探测器不断向监视现场发出检测信号，监视烟雾浓度、温度、火焰等火灾信号，并将探测到的信号不断送给火灾报警器。报警器将代表烟雾浓度、温度数值及火焰状况的电信号与报警器内存储的现场正常整定值进行比较，判断确定火灾。当确认发生火灾时，在报警器上发出声光报警，并显示火灾发生的区域和地址编码并打印出报警时间、地址等信息，同时启动火灾现场的声光报警器。值班人员打开火灾应急广播，通

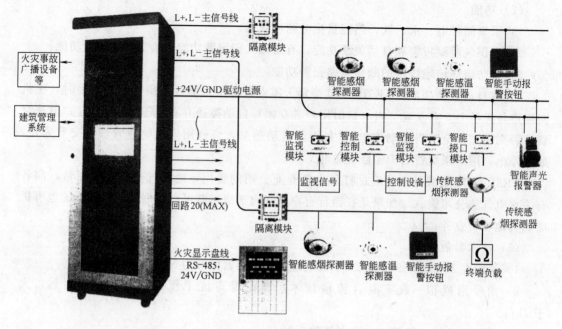

图 6-15　消防控制系统

知火灾发生层及相邻两层人员疏散，各出入口应急疏散指示灯亮，指示疏散路线。为了防止探测器或火警线路发生故障，现场人员发现火灾时也可手动启动报警按钮或通过火警对讲电话直接向消防控制室报警。

在火灾报警器发出报警信号的同时，火警控制器可实现手动/自动控制消防设备，如：关闭风机、防火阀、非消防电源、防火卷帘门、迫降消防电梯；开启防烟、排烟（含正压送风机）风机和排烟阀；打开消防泵，显示水流指示器、报警阀、闸阀的工作状态等。以上控制均有反馈信号到火警控制器上。

上述工作原理用框图表示，如图 6-16 所示。

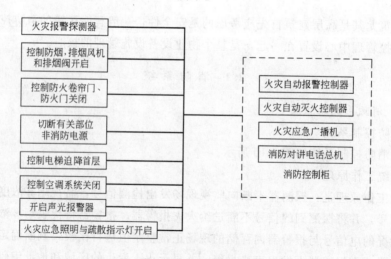

图 6-16　火灾自动报警及控制框图

一个完整的消防系统主要由报警与联动控制设备组成，如表 6-7 所示。

消防系统的设备组成　　　　　　　　　　　　　　　表 6-7

序号	设备名称	内　容
1	报警设备	其中包括各类火灾探测器、报警控制器、手动报警按钮、紧急报警设备(电铃、紧急电话、紧急广播等)
2	自动灭火设备	洒水喷水、泡沫、粉末、气体灭火设备等
3	手动灭火设备	灭火器(泡沫、粉末、室内外消火栓)
4	防火排烟设备	防火卷帘门、防火风门、排烟口、排烟机、空调通风设备等
5	通信设备	应急通信机、一般电话、对讲电话、无线步话机等
6	避难设备	应急照明装置、引导灯、引导标志牌
7	其他设备	洒水送水设备、应急插座设备、消防水池、防范报警设备、航空障碍灯设备、地震探测设备、煤气检测设备、电气设备的监视等等

2.1.2　火灾自动报警系统

火灾探测器是火灾自动报警装置的最关键部件，它如同火灾自动报警及控制系统的"眼睛"，火灾自动报警信号都是由它发出的。报警控制器是火灾信息处理和报警控制的核心，最终通过联动控制装置实施消防控制和灭火操作。

（1）火灾探测器及其选用

火灾探测器根据其探测原理及功能分为四种基本类型，如表 6-8 所示。

火灾探测器类型　　　　　　　　　　　　　　　　表 6-8

序号	类型	内　涵
1	感烟火灾探测器	是一种感知燃烧或热分解产生的固体或液体微粒，用于探测火灾初期的烟雾并发出火灾报警信号的探测器。它具有发现火情早、灵敏度高、响应速度快和使用面广等特点。包括离子感烟火灾探测器、光电式感烟火灾探测器、红外光束感烟火灾探测器和激光感烟火灾探测器等
2	感温火灾探测器	是一种对警戒范围内的温度进行监测的探测器，感测温度达到一定设定值时发出报警信号。根据其感温效果和结构形式可分为定温式、差温式和差定温组合式 3 类
3	感光(火焰)火灾探测器	是通过检测火焰中的红外光、紫外光来探测火灾发生的探测器。常用的有红外火焰探测器和紫外火焰探测器
4	可燃气体火灾探测器	是根据远低于可燃气体爆炸浓度的下限值，就火灾的危险性而进行报警的，以保证在火灾之前采取通风措施。常用的有催化型可燃气体探测器、半导体型可燃气体探测器等

火灾探测器的选择应根据探测区域内可能发生的早期火灾的形成和发展特点、房间高度、环境条件以及可能产生误报的因素等条件综合确定。如火灾初期有引燃阶段，产生大量的烟和少量的热，很少或没有火焰辐射的场所，宜选用感烟火灾探测器；对火灾发展迅速，产生大量的烟、热和火焰辐射的场所，宜选用感烟火灾探测器、感温火灾探测器、感光火灾探测器或其组合；对火灾发展迅速，有强烈的火焰辐射和少量的烟、热的场所，宜

选用感光火灾探测器；对使用、生产或聚集可燃气体或可燃液体蒸气的场所，宜选用可燃气体火灾探测器。

（2）手动火灾报警按钮

手动火灾报警按钮是用手动方式产生火灾报警信号，启动火灾自动报警系统的器件。为提高火灾报警系统的可靠性，在火灾自动报警系统中，除设置自动触发器件（火灾探测器）外，还应设置手动触发装置。每个防火分区至少设置一个手动火灾报警按钮。从一个防火分区内的任何地方到最近一个手动火灾报警按钮的距离不大于30m。手动火灾报警按钮应设置在明显和便于操作的地方，如设置在公共活动场所的出入口处。有消火栓的，应尽量设在消火栓的位置。手动火灾报警按钮可兼有消火栓泵启动按钮的功能。

（3）火灾自动报警控制器

火灾报警控制器是直接接收火灾探测器发来的报警信号的多路火灾报警控制器，它接受火灾探测器发来的电信号，然后以声、光及数字方式显示出火灾发生的区域或房间号码，控制器内设有控制各种消防设备的输出电接点，可以与其他消防设施联动以便达到自动报警和灭火的功能。

2.1.3 自动喷水灭火系统

自动喷水灭火系统是一种固定式灭火系统，其灭火作用及供水与消火栓大致相同。但自救灭火效果比消火栓要先进得多。它适用于剧场舞台、观众厅、展览厅、多功能厅、餐厅、厨房、商场、办公室、客房、停车库及易燃品仓库等场所。

自动喷水灭火系统可分为干式与湿式两类。这两类的区别主要在于吸水管道内是否处于充分状态。干式自动喷水灭火系统采用开放式水喷头，当火灾发生时由探测器发出信号经过消防控制中心发出指令，控制电磁阀打开阀门，从而各开放式水喷头匣同时按预定方向喷水。与此同时，控制中心的指令启动喷水水泵，保持正常的工作压力，水流经水流指示器发出信号给消防中央控制室，显示喷水灭火的区域。

湿式系统的喷水是由装有热敏液体的玻璃球水喷淋头的破裂完成的。当火灾发生时，由于周围温度的骤然升高，玻璃球内的温度也随着升高，从而促使内部压力增加，当压力增加到一定程度时，致使玻璃球破裂，此时密封垫脱开，喷出压力水。喷水后引起水压降低，这样使压力继电器动作，将水的压力信号变成电信号从而启动喷水水泵并保持其水压。湿式自动喷水灭火系统适用于环境温度$40℃ \leqslant T \leqslant 70℃$的建筑物内。

自动喷水灭火系统的设备主要有抽水用的水泵、报警阀、消防接合器、喷淋泵、稳压泵、水流指示器、喷头等。

2.1.4 消火栓灭火系统

消火栓灭火是最基本最常用的灭火方式，在现代化的智能大楼中也不可缺少。高层建筑的消火栓系统主要部件应包括水源来向（即水池、大型供水站等）、水泵、管网、消火栓、水龙带、水龙头、报警按钮等组成。为保障高层火灾的及时扑救，按照规范要求设置足够的消火栓数量及适量的消防用水量是十分必要的。

现代建筑，尤其是高层建筑和智能化建筑物，消火栓供水系统在屋面上设有高位水箱，消火栓的供水管网与高位水箱相连。高位水箱的储水量足够可供火灾初期消防泵投入前的灭火用水，消防系统投入使用后的灭火用水主要依靠消防泵从低位储水池或市区供水管网把水注入消防管网。

火灾发生时，该区域的消火栓玻璃破碎开关被敲击，此信号传递给报警控制器，控制器判断并显示消火栓部位所在楼层或防火分区，消防联动控制系统启动相应的水池的消防泵为消火栓供水。

2.1.5 气体灭火系统

气体灭火系统适用于不能使用水或泡沫灭火的场合，如，大楼的变压器房、配电室、电话机房、档案资料室、电脑机房、书库、贵重仪器室、可燃气体及易燃液体仓库等。

气体灭火系统按其使用的气体可分为卤代烷灭火、二氧化碳灭火、氮气灭火及蒸汽灭火等设备，在现代化的高层建筑中最为常用的气体灭火设备为卤代烷和二氧化碳灭火设备。二氧化碳灭火系统的价格比较便宜，通常被用于无人值班的变压器房或高压变电房等场所，系统原理如图 6-17 所示。

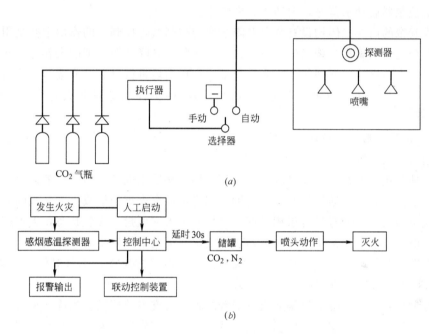

图 6-17 二氧化碳灭火系统原理图
(a) 二氧化碳灭火系统示意图；(b) 二氧化碳灭火系统工作原理框图

当火灾发生时，通过现场的火灾探测器发出信号至执行器，它便打开二氧化碳气体瓶的阀门，放出二氧化碳气体，使室内缺氧而达到灭火的目的。

气体灭火系统由消防中央控制室通过消防控制器自动启动气体灭火系统进行灭火。为了可靠，一般在消防中央控制室及气体存放的地方都设置系统的紧急启动和切断的手工操作装置，在必要时能够万无一失地完成气体的释放和关闭的所有程序。

2.1.6 防火门、防火卷帘

(1) 防火门

防火门按门的固定方式一般可分为两种方式：一种是防火门被永久磁铁吸住处于开门状态，火灾时可通过自动控制或手动将其关闭，自动控制时由消防中央控制室控制台发出指令信号，使直流（24V，0.6A）电磁线圈通电产生的吸力，克服永久磁铁的吸引力，从而靠弹簧将门关闭；另一种是防火门被电磁锁的固定锁扣位呈开门状态，火灾时由消防中央控制室发出指令后电磁锁动作，固定门的锁被解开，防火门依靠弹簧把门关闭。

（2）防火卷帘

电动防火卷帘除了卷帘之外还需要配备防火卷帘电机、水幕，水幕保护系统包括水幕电磁阀、水幕泵等设备。

防火卷帘一般设在大楼防火分区通道口处，当消防中央控制室对火灾确认之后，通过消防控制器控制卷帘的电机转动，使卷帘下落。在卷帘设备的中间有限位开关，其作用是当卷帘下落到离地面某一限定高度时，如离地面 1.5m，电机便停止转动，经过一段时间的延迟后，控制卷帘电机重新启动转动，使卷帘继续下落直至到底。此时，底部的接开关开始动作，控制器使控制电机停止转动，其后，具有水幕保护系统的防火卷帘开启水幕电磁阀，消防控制器启动水幕泵，向防火卷帘喷水。

在防火卷帘的内外二侧均设有紧急升降按钮的控制盒，控制盒的作用主要是用于火灾发生后让部分还未撤离火灾现场的人员通过人工按紧急升降按钮，把防火卷帘卷起来，让未撤离现场的人员迅速离开现场；当人员全部安全撤离后再按紧急升降按钮，使防火卷帘的卷帘落下。当然，上述这些动作也可以通过消防中央控制室对防火卷帘的升降进行控制。

2.1.7 消防广播及消防通信系统

（1）消防广播系统

消防广播系统，又称之火灾事故广播，其作用是在发生火灾时通过广播向火灾楼层或整栋大厦发出指示，进行通报报警，以告诉人们迅速撤离火灾楼层或火灾区域的方向和方法。其功能可与大厦内的背景音乐相联网，一旦发生火灾可投入应急状态，火灾广播系统与大厦的音响及紧急广播系统合用扬声器，但要求在火灾事故发生时立即投入，且设在扬声器处的开关或音量控制不再起作用。火灾事故广播既可选层播，也可对整栋大厦广播，既可用麦克风临时指挥，又可播放预制的录音带。

消防控制设备应按疏散顺序接通火灾报警装置和火灾事故广播。当确认火灾后，警报装置的控制程序如下：二层及二层以上楼层发生火灾，宜先接通着火层及其相邻的上、下层；首层发生火灾，宜先接通本层、二层及地下层；地下层发生火灾，宜先接通地下各层及首层。

（2）消防通信系统

火灾发生后，为便于组织人员和组织救灾活动，必须建立独立的通信系统，用于消防中央控制室与火灾报警器设置点及消防设备机房等处的紧急通话。火灾事故紧急电话通常采用集中式对讲电话，主机设在消防中央控制室，分机分别设在其他各部位。在智能大厦消防报警系统中，在大楼的各楼层的关键部位及机房等重地均设有与消防中央控制室紧急通话的插孔，巡视人员所带的话机可随时插入插孔进行紧急通话。

2.1.8 防排烟系统

火灾发生时产生的烟雾主要是一氧化碳，这种气体具有强烈的窒息作用，对人的生命构成极大的威胁，其死亡率可达到 50％以上。另外，火灾所产生的烟雾对人的视线有遮挡，使人们在疏散时无法辨别方向，尤其是高层建筑因其自身的"烟囱效应"，使烟雾的上升速度非常快，如不及时迅速地排除，就会很快地垂直扩散到楼内的各处，其危害性显而易见。因此，当火灾发生后应该立即使防排烟系统工作，把烟雾以最快的速度迅速排出，尽量防止烟雾扩散到楼梯、消防电梯及非火灾区域。

防排烟系统的作用是为了防止烟气对流，除了在安全通道及安全场所安装防火门阻挡烟气流入外，还都设有排烟装置，可就地打开，也可在消防中心遥控操作，自动启动相应的排烟风机进行排烟。

加压送风系统的作用是为了防止烟雾、毒气进入疏散通道及消防电梯厅，在每一层的疏散楼梯及消防电梯前室设有百叶式加压送风口。如发生火灾，在消防中心开启应急的送风机，给疏散楼梯及消防电梯前室送正压风，防止烟雾、毒气进入，以确保人员顺利疏散及消防电梯的正常运行。

一个防排烟系统的主要设备有正压送风机、排烟机、排烟口、送风口等。用于排烟风系统在室内的排烟口或下压送风风道系统的室外送风口，其内部为可控制的常闭风阀，它可通过感烟信号联动、手动或温度熔断器使之在一瞬间开启。排烟口、送风口的外部为百叶窗。

2.1.9 消防电源与应急照明

（1）消防电源

当火灾发生后，一切救助活动，如消防人员照明和排烟等都需要用电，电源是各种消防设备运转的先决条件，尤其是高层建筑的火灾主要利用自身的消防设施进行自救。但火灾时往往因各种原因，停断正常供电运行，这样也就要求所有的消防设备都必须具备二路供电切换的功能。因此，在消防报警系统中需要有一个专用的供电系统，该系统即使在火灾发生时也能正常、独立地工作，能够确保消防报警系统工作时所需要的用电。这样的一个供电系统要求达一级负荷供电，通常采用柴油发电机组作为备用电源。

消防电源插座有三相用插座和单相用插座两种。无论是三相的还是单相的插座，它们都被设置在每层专供消防设备使用的电源配电箱内，全部的器件和导线等都应采用耐火、耐热阻燃型，配电干线不宜与其他系统的配电线路同槽（管）敷设。

（2）应急照明

当火灾发生时，电线可能被烧断；有时，火灾就是由电线的短路等原因引起，为了防止灾情的蔓延扩大，必须人为地切断部分电源。在这种情况下，为了保证人员能安全顺利地疏散，要害部门能够继续工作以及组织救援工作，在消防联动控制系统中，除了在前面已经介绍的几种联动功能外，系统设计中应考虑应急照明和疏散指示标志灯。

消防应急照明系统通常采用火灾应急照明灯。照明设备所使用的电源由柴油发电机组提供，在应急照明配电箱中设有市电和柴油发电机组供电电源的自动切换装置，以便在市电被切断的情况下及时提供发电机电源（或蓄电池电源），保证备用电源立即供电。

应急照明灯的工作方式分为专用和混合用两种。专用的应急照明灯平时是关着的，火灾事故发生后立即自动开启发光。混合用照明灯与正常的照明灯没有什么两样，平时它作为工作照明的一部分提供照明。混合用照明灯一般装有照明开关，必要时，即火灾发生时强行使它发光。

一般在高层建筑的疏散楼梯、防烟楼梯间的前室、消防电梯及其前室、配电室、消防控制中心、消防水泵房、自备发电机房等重要地方与部位设置火灾事故工作照明灯，并应该保证其亮度达到继续工作所需。

疏散指示标志灯通常安装在疏散通道、通往楼梯或通向室外的出入口处，并采用绿色标志，安装在门的上部。

2.1.10 安全通道与消防电梯

（1）安全通道

当发生火灾时，为避免人员被烟雾、毒气伤害，可通过安全通道（即防火楼梯）进行紧急疏散，直达室外或其他安全处（即避难层、屋顶平台）。

（2）消防电梯

消防电梯是为保存消防人员的体力和运输必要的消防器材以及能及时抢救伤员和灭火工作的必备工具。高层建筑均设有消防电梯，发生火灾时可击碎一层的电梯报警按钮或在其他消防设备动作的情况下进行联动，专供消防人员使用。其他电梯全部迫降一层停止使用。

电梯生产厂商，在电梯控制系统中都已经设计了火灾紧急控制程序，在电梯的轿厢内又设有火灾紧急广播系统，用于疏散电梯内的人员。当电梯自身配备的火灾紧急控制程序完成了它的功能而停于首层后，智能大厦建筑自动化系统 BAS 便启动火灾联动控制程序，切断电梯的电源。但消防电梯除外。

2.2 消 防 管 理

2.2.1 消防管理的目的、方针

（1）消防管理的目的：预防物业火灾的发生，最大限度地减少损失，为住户的生产、生活提供安全的环境，增强城市居民的安全感，保护其生命和财产的安全。

（2）消防管理的方针：预防为主，防消结合。

2.2.2 消防管理的主要内容

（1）建立专职消防队伍：为加强物业的消防管理，物业管理企业应在保安部成立一个专职的消防班负责此项工作。

（2）制定完善的消防制度

1）消防中心值班制度：消防中心值班室是火警预报、信息通信中心，消防值班员必须遵守值班纪律，认真做好值班监视工作。

2）防火档案制度：防火档案主要包括火险隐患、消防设备状况、重点消防部位、前期消防工作概况等记录，以备随时查阅。

3）消防岗位责任制度：建立各级领导负责的逐级防火岗位责任制。

4）定期进行消防安全检查的制度。

5）专职消防员的定期训练和演习制度。

6）其他消防规定。

（3）管理好消防设备：现代建筑物内部都设有基本的消防设备，以保证消防的需要。消防设备的管理主要是对消防设备的保养与维护。物业管理企业应做到以下几点：

1）熟悉消防法规，了解各种消防设备的使用方法，制定本物业的消防制度和有关图册，并使管理人员和住户熟悉。

2）禁止擅自更改消防设备，特别是住户进行二次装修时，必须严格审查。

3）定期检查消防设备是否完好，对使用不当的应及时改正。

4）公共通道必须保证畅通，不准放置其他物品。

5）加强消防值班巡逻工作，及时发现火警隐患并予以处理。

2.2.3 消防组织机构职责

（1）消防管理组织机构职责

消防管理各级组织机构职责如表6-9所示。

消防管理各级组织机构职责 表 6-9

序号	组织机构	职　　责
1	防火领导小组	(1)负责领导大厦防火工作； (2)负责制定大厦年度防火工作计划； (3)负责制定消防器材、设备、设施的补充、维修、更新计划； (4)负责消防"十项标准"的贯彻落实； (5)负责组织定期防火安全检查，并监督防火工作的执行情况； (6)负责火险隐患整改； (7)负责检查消防设备的运行、维修、保养情况； (8)组织制定消防演习方案； (9)负责向上级机关报告大厦的防火工作情况
2	防火办公室	(1)在防火领导小组的领导下，负责消防管理工作； (2)负责消防设备运行、监控及设施设备、器材管理； (3)检查、监督防火安全及整改火险隐患； (4)负责建立消防组织机构，并报防火领导小组审定； (5)制定各种消防规章制度并监督实施； (6)开展防火宣传，组织培训义务消防队； (7)制定灭火作战方案，组织消防演练； (8)负责二次装修消防审批，监督施工及现场防火管理
3	基层防火责任人	(1)认真贯彻执行消防法规，开展防火宣传教育，加强对员工的防火教育； (2)定期检查防火安全情况，查找火险隐患并进行整改； (3)实行分级责任制，发现火险隐患及时通报防火办公室，并积极协助整改； (4)负责本单位的二次装修、报建及监护设施现场的动火作业，采取预防措施，保证施工安全； (5)当火警发生时，积极组织扑救，指挥人员疏散，并按照"三不放过"的原则，查找火灾原因； (6)做好火灾现场的保护，协助公安机关对火灾原因的调查及处理
4	义务消防员职责	(1)认真学习有关的消防知识，掌握各种器材操作技术和使用方法； (2)积极做好防火、防范宣传教育活动，深入辖区开展安全检查，做到及时发现，及时整改； (3)定期检查所管区域消防器材、设备的完好状况； (4)一旦发生火警事故，必须采取下列紧急措施：报告有关部门，并立即向消防单位报警；组织人员抢救险情，并注意查找起火原因，采取适当措施，力争把火扑灭；组织群众撤离危险地区，做好妥善安排；做好现场安全保卫工作，严防不法分子趁火打劫，或搞破坏活动

（2）灭火措施及职责

1）消防灭火作战方案

A. 为提高和强化大厦自救体系的灭火抢险能力，特制定本方案。

B. 本方案属基本规范，有关方面要根据火灾发生的楼层、方位、被燃物质的属性、天气状况、起火时间及人员的分布情况，灵活掌握，机动处理。

C. 一旦发生火灾，必须做到：报警准确、通信畅通、灭火方案无误、实施有效，把损失减少到最低限度。

D. 报警程序：消防中心值班员发现消防系统报警信号或接到火灾报警后（尤其是消火栓及喷淋系统报警），立即通报消防值勤人员和车场保安员迅速赶往报警楼层或火险地，查证报警原因。同时报告消防责任人。查证人员在确认火灾后立即报告消防中心，同时就地采取灭火措施。

E. 消防中心根据火灾情况，紧急传呼有关领导，报告灾情。必要时立即向"119"报警。

报警述语："我们是航空大厦，位置在深南中路华富路口中航小区，现×层发生火灾，请求灭火。"并记录报警时间。

F. 灭火指挥系统各主要指挥员到位后，以总指挥为核心组成救火指挥部（指挥部设在消防中心），并根据火情迅速制定救火方案，调配人员，组织实施。

G. 在灭火自救期间，总指挥有绝对的指挥权。消防队到场后，向消防队报告情况，移交指挥权，协同公安消防队长组织灭火。

H. 火灾扑灭后必须在公安消防监督机关基本查清起因后，方可清理火灾现场。在此期间，义务消防队员必须保护好现场；工程维修人员迅速检修、恢复各系统设备的正常运行。

2）灭火指挥人员职责

各级灭火指挥人员职责如表6-10所示。

2.2.4 消防设备管理

（1）火灾自动报警系统的维护

保证火灾自动报警系统的连续正常运行和可靠性对建筑物的消防安全是十分重要的。火灾自动报警系统必须经当地消防监督机构验收合格后方可使用，任何单位和个人不得擅自决定使用。

1）火灾自动报警系统的维护管理应注意几点

A. 应有专人负责火灾自动报警系统的管理、操作和维护，无关人员不得随意触动。系统的操作维护人员应由经过专门培训，并由消防监督机构组织考试合格的专门人员担任；值班人员应熟练掌握本系统的工作原理及操作规程，应清楚了解建筑物报警区域和探测区域的划分以及火灾自动报警系统的报警部位号。

B. 火灾自动报警系统应保持连续正常运行，不得随意中断运行；如一旦中断，必须及时通报当地消防监督机构。

C. 为了保证火灾自动报警系统的连续正常运行和可靠性，应根据建筑物的具体情况制定出具体的定期检查试验程序，并依照程序对系统进行定期的检查试验；在任何试验中，都要做好准备，以防出现不应有的损失。

序号	指挥人员	职　责
1	总指挥	(1)向消防值班人员、值勤人员、消防处主任及有关人员查询起火的具体方位、人员分布及疏散情况,消防设备的运行状况及灭火人员的到位情况; (2)命令消防值班启动相应的消防系统,监视报警运行信号,打开应急广播,根据失火方位、火势大小,通知大厦内有关人员紧急疏散; (3)命令各级指挥员根据各自的分工,各就各位,若有指挥员缺岗,紧急任命临时负责人代行其职; (4)掌握火场扑救情况,命令火场灭火指挥员:采取或改变扑救方式;决定灭火人员放弃抢救,撤离现场; (5)掌握火场抢救情况,命令抢救指挥员:采取有效措施指挥人员疏散、救护伤员和抢救物资;运送消防器材;维护外围秩序,引导消防车到位; (6)掌握消防相关系统运行情况,根据火场灭火需要,命令有关部门:确保应急供电;确保消防供水;确保通信联络畅通;确保消防电梯正常运行; (7)协助公安机关查明火灾原因,处理火灾后的有关事宜
2	副总指挥	(1)总指挥不在场时,履行总指挥的职责; (2)配合、协同总指挥分析火场情况,制定救火方案,根据总指挥的意见下达命令
3	火场灭火(现场)指挥员	(1)根据总指挥的命令,带领义务消防队员,在第一时间内到达现场; (2)确切判断燃烧物的性质,决定和指挥义务消防队员使用灭火器材和消防设备; (3)迅速向总指挥报告火场情况; (4)向总指挥建议采取和改变某种扑救方式; (5)向总指挥请求增援; (6)根据现场需要命令消防中心值班人员操作相应的消防设备; (7)向总指挥建议放弃抢救,义务消防队人员撤离现场
4	火场抢救指挥员	(1)指挥抢救组火速赶赴现场,本着先救人后救物的原则,救护伤员,抢救物资; (2)指挥人员安全疏散; (3)指挥运输组救护重伤员到附近医院进行抢救; (4)指挥运送火场急需的灭火用品; (5)指挥看护组看护好贵重物品; (6)指挥保安人员维护好大厦外围秩序,保障外围消防通道畅通,防止不法分子趁机盗窃、破坏,严禁非救火人员进入或靠近大厦; (7)安排人员在主要路口等候消防车
5	消防相关系统指挥员	(1)立即组织设备运行人员及设备抢修人员各就各位,保护好机房和油库; (2)指挥变配电室人员确保应急供电,切断非消防供电; (3)指挥通信处确保消防电话畅通和应急广播畅通; (4)指挥水暖处确保消防应急供水,停止空调机组运行; (5)指挥电梯处,确保消防电梯正常运行,专供灭火、抢救人员使用;其他电梯一律迫降一层,停止使用

2) 对火灾自动报警系统应进行定期检查和试验,具体内容如表 6-11 所示。

(2) 自动喷水灭火系统的维护

1) 自动喷水灭火系统的维护管理应注意的事项

A. 负责系统维护管理的专职人员必须熟识自动喷水灭火系统原理、性能、操作维护规程,并具有消防管理培训合格证。

B. 管理人员必须每天巡检责任区内一切供水总控制阀、报警控制阀及其配件,进行外观检查,保证系统处于无故障状态。

火灾自动报警系统定期检查和试验内容　　　　表 6-11

序号	定期检查和试验	说　明
1	每日检查	使用单位每日应检查集中报警控制器和区域报警控制器的功能是否正常；检查方法：有自检、巡检功能的，可通过扳动自检、巡检开关来检查其功能是否正常；反之，可采用给一只探测器加烟（或加温）的方法使探测器报警，一方面检查集中报警控制器或区域报警控制器的功能是否正常，另一方面可检查复位、消音、故障报警的功能是否正常
2	季度试验和检查	(1) 按生产厂家说明书的要求，用专用加烟（或加温）等试验器分期分批试验探测器的动作是否正常；试验中发现有故障或失效的探测器应及时更换； (2) 检验火灾警报装置的声、光显示是否正常。试验时，可一次全部进行试验，也可部分进行试验；试验前一定要做好妥善安排，以防造成不应有的恐慌或混乱； (3) 对备用电源进行 1～2 次充放电试验，进行 1～3 次主电源和备用电源自动切换试验，检查其功能是否正常； (4) 有联动控制功能的系统，应自动或手动检查消防控制设备的控制显示功能是否正常； (5) 检查备品备件、专用工具及加烟、加温试验器等是否齐备并处于安全无损和适当保护状态。直观检查所有消防用电设备的动力线、控制线、报警信号传输线、接地线、接线盒及设备等是否处于安全无损状态； (6) 巡视检查探测器、手动报警按钮和指示装置的位置是否准确，有无缺漏、脱落和丢失
3	年度检查试验	使用单位每年对火灾自动报警系统的功能应做全面检查试验，并填写年检登记表

C. 所供水源必须保证要求的水量和水压。每年对水源供水能力进行一次测定。储存消防用水的水池、消防水箱、气压水罐，每月检查一次，核对水位和气压罐的气体压力，以及消防用水不被他用的技术措施，发现故障，及时进行修理。消防水池、消防水箱、水罐的水需要更换时，应通知消防监督部门，临场监督。消防用水的水温不应低于 5℃，且应防止结冻现象。

D. 每两年应对贮水设备维修一次，进行修补和重新油漆。

E. 消防水泵应每天运转一次。若采用自动控制时，应模拟自动控制参数进行启动运转，每次运转时间宜为 5min。每月应利用报警控制阀旁的泄放试验阀进行一次供水试验，验证系统供水能力。

F. 一切控制阀门应用铅封固定在开启或规定的状态，且阀门应编号，挂上标牌。保证阀门不被关闭，供水管路畅通，室外阀门井中的控制阀，应每月检查一次，保证阀门处于开启状态。

G. 水泵接合器的接口及其附件应每月检查一次，保证接口完好、无渗漏、有闷盖。

H. 每两个月对水流指示器试验一次，利用末端试验间排水，检查其能否及时报警。

I. 每月检查一次喷头外观，发现不正常喷头应及时更换。各种喷头应保持一定的备用量，建筑物内喷头数量小于 300 个时，喷头备用量不少于 6 个；装有 300～1000 个时，不少于 12 个；装有 1000 个以上时，不少于 24 个。喷头的更换或安装应用专用的扳手，扳手宜放在消防值班室内。

J. 发现故障，需停水进行修理时，应向主管值班员报告，并取得维护管理专职人员的同意，且亲临现场监督，才能动工。

K. 自动喷水灭火系统每年应进行一次可靠性评价，并对施工验收、日常管理维护、修理情况进行总结。

L. 报警阀附件应齐全，水压表、气压表应经校核保持标准压力，准确无误。水流指示器和报警控制阀应能正常报警。

2）自动喷水灭火系统应进行日常检查和定期检查，具体内容如表 6-12 所示。

自动喷水灭火系统日常检查和定期检查内容 表 6-12

序号	项 目	内 容
1	日常检查	(1)水源的水量和水压。 (2)消防泵动力。 (3)报警阀各部件的工作状态。 (4)自动充气装置的工作状态
2	定期检查	(1)喷头：喷头外表应清洁，尤其是感温元件部分，对轻质粉尘可用空气吹除或用软布擦净；对含油污垢的喷头应将其分批拆换，集中清理。 (2)报警阀：对报警阀进行开关试验，观察阀门开启性能和密封性能，以及水力警铃、延迟器的性能。此试验可通过末端试验装置进行。如发现阀门开启不通畅或密封不严，可拆开阀门检查，视情况调换阀瓣密封件。对安装的压力表要定期检验。 (3)管路：检查系统管路有无腐蚀渗漏，湿式系统管路内的水应定期排空、冲洗。 (4)水源：检查消防泵的启动、吸水、流量和扬程，消防水池、高位水箱和压力水罐的工作状态

（3）室内消火栓给水系统的维护

消火栓箱应经常保持清洁、干燥，防止锈蚀、碰伤或其他损坏。每半年（或按当地消防监督部门的规定）至少进行一次全面的检查维修。

检查要求为：

1）消火栓和消防卷盘供水闸间不应有渗漏现象。

2）消防水枪、水带、消防卷盘及全部附件应齐全良好，卷盘转动灵活。

3）报警按钮、指示灯及控制线路功能正常，无故障。

4）消火栓箱及箱内配装的消防部件的外观无破损，涂层无脱落，箱门玻璃完好无缺。

5）消火栓、供水阀门及消防卷盘等所有转动部位应定期加注润滑油，箱门玻璃完好无缺。

（4）防烟、排烟系统的维护

对机械防烟、排烟系统的风机、送风口、排烟口等部位应经常维护，如扫除尘土、加润滑油等，并经常检查排烟阀等手动启动装置和防止误动的保护装置是否完好。

每隔 1～2 周，由消防中心或风机房启动风机空载运行 5 分钟。

每年对全楼送风口、排烟阀进行一次机械动作试验。此试验可分别由现场手动开启、消防控制室遥控开启或结合火灾报警系统的试验由该系统联动开启。排烟阀及送风口的试验不必每次都联动风机，联动风机几次后应将风机电源切断，只做排烟阀、送风口的开启试验。

2.2.5 案例

【案例】 消防应急及应急疏散方案

（1）某大厦消防应急疏散人员组织架构，如图 6-18 所示。

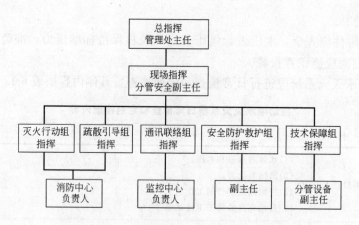

图6-18 某大厦消防应急疏散人员组织架构

1）灭火行动组、疏散引导组由保安员组成。

2）通信联络组由消防、中央控制室人员组成。

3）安全防护救护组由综合人员组成。

4）技术保障组由配电、维修组人员组成。

5）总指挥不在时，由现场指挥任总指挥，消防中心负责人任现场指挥；总指挥和现场指挥都不在时由消防中心负责人任总指挥，保安队长任现场指挥。如总指挥、现场指挥、消防中心负责人都不在时，由保安队长任总指挥，保安当值班长任现场指挥。

突发事件发生后，安保组应立即进入现场，并即刻通知现场指挥，根据事故情况，现场指挥立刻发出疏散指示，并同时通知总指挥。

（2）疏散程序

1）火灾及紧急事件发生后应遵循疏散程序有组织地进行疏散

A. 安全保卫指挥领导小组根据事故情况迅速制定疏散计划，并将计划传达到各疏散小组负责人；

B. 各小组迅速到达所属待命位置；

C. 联络组向疏散区域发出广播，告之楼内人员发生何种事故，事故的程度及位置；稳定人员的情绪，做好安抚工作（不要惊慌，听从疏散人员的指挥），避免造成混乱，引导人员疏散；

D. 安保组接到疏散指示后迅速从最近的消防通道或消防电梯到达疏散区域，按计划进行疏散。（裙楼共8个消防通道，其中，北面1个、南面2个、西面2个、东面1个、核心筒2个分布在东西两面。塔楼为2个消防通道，在核心筒的东西两面。）

2）塔楼发生火情时，内部疏散小组分为4个小分队，全部为保安，分别到达受灾层及上一层和下一层。（受灾层疏散人员为14人，东南西北各2人，将人员疏散到东西通道口，东西通道口各安排3人，其中2人打开外通道和内通道两扇防火门，1人带领人员有秩序地往消防通道疏散至受灾层以下最近的避难层（避难层为11F、19F、34F、49F、63F）。受伤人员及残疾人可以用消防电梯疏散到1F大楼外围，后勤组对受伤人员进行简单护理送医院救治，受灾层以下相邻避难层安排保安员4人，看管好从着火层疏散下来的物件，维持好疏散下来人员的秩序，稳定人员的情绪，做好安抚工作，不要到处乱跑。着火层上一层保安员为6人，其中，2人站在东西通道口以免无关人员误入着火层。另外4人，2人通知着火层下一层人员迅速撤离，2个带领人员疏散至下面的避难层，并安排撤至地面。

裙楼发生火情时，内部疏散小组分为3个分队，共计32人，全部为保安员，分别到达受灾层，东西南北面各2人，将人员分别疏散至附近的通道口，8个通道口各安排2人，其中1人站于通道口，另1人引导带领人员有秩序地往消防通道内疏散至大厦外围，保安员在本层管理员的指挥下，和物业保安员分四个区共同将人员疏散至消防通道口进入消防通道内，另外8名保安员进入火场抢救伤员及贵重物件，对行动不便的伤员，将其背至大厦外围或用担架抬至大厦外围，对受伤人员及残疾人员也可用消防电梯疏散，后勤组对受伤人员进行简单护理送医院救治，看管好从着火层疏散下来的物件，维护好疏散下来人员的秩序，稳定人员的情绪，做好安抚工作。

3) 当地下停车场发生紧急情况时

A. 当地下停车场与车辆着火时，且仅一辆着火，同时车辆油箱还没有发生开裂、燃油外泻时，在场人员全力扑灭火情，同时立即用对讲机通知消防控制中心。报警后除灭火组、疏散组人员外，其余各组人员按应急方案实施，当灭火组赶到现场时，用3支水枪对着火车辆周围的车辆打水降温，灭火人员先用手提式灭火器压制火势，再连接就近的泡沫灭火器进行灭火。如着火部位在发动机仓，则用消防斧打破发动机仓盖，将灭火剂直接喷入发动机仓进行灭火。

B. 当地下停车场着火车辆油箱开裂燃油外泻，同时已引发其他车辆着火，火势无法控制时，应使用窒息法灭火。即牺牲防火分区内车辆，保住防火分区以外的车辆。同时命令现场人员撤离防火分隔区，关闭已使用的消防水源，关闭送风机，现场人员用黄沙封堵卷帘门下门缝和排水沟，每个防火卷帘安排一支水枪打水降温，安排灭火人员持手提式灭火器或利用泡沫灭火器监控防火卷帘和排水明沟是否有着火燃油流出，直至防火分隔区内的火窒息而灭。

C. 当地下停车场着火时，停止一切车辆进出车场，只疏散人员不疏散车辆，按疏散程序进行。

4) 紧急事件发生时，首先按疏散程序中的A、B、C进行，安保组接到疏散批示后迅速从东西两个通道或消防电梯到达疏散区域按计划进行疏散；紧急事件发生时，塔楼每一层楼派1名保安对本楼所有人员进行疏散并做好安抚工作，不要惊慌，不要拥挤，有组织、有秩序地进行疏散，避免无故的伤亡，并对每个公司进行逐一检查是否还有剩余人员。首层每个道口站1名保安员接应从楼上疏散下来的人员并通知迅速离开大厦，控制人员只出不进，一切无关车辆不准进入大厦，维护好大厦外围的秩序。

（3）人员疏散线路的选择

1) 疏散人员应在到达现场后认真观察现场情况，选择正确的安全疏散路线，其原则是：选择最短的直接向室外的通道或出口；选择离灾区或危险地带最近的通道或出口；避免对面人流和交叉人流。

2) 该建筑分为裙楼（包括地下层）和塔楼，在消防建筑布局上各有不同，在选择疏散线路时应注意：裙楼各层共分四个区，任一区起火时，应选择离起火区较远的区为逃生区，绕过阻碍物进入消防通道逃生；在裙楼中疏散，在有所选择时，尽量不要选择核心筒的消防通道，因为这些通道较窄，且可能与乘坐其中的消防电梯到达的抢救人员相遇造成对流；塔楼只有核心筒的两条通道，疏散人员必须判断准确，抓紧时间疏散；注意到达塔楼避难层时消防通道是分隔式的，人员必须走出所在通道并进入毗邻通道才能继续往下或往上通行。

（4）人员疏散的方法

1）各小组迅速反应，各组负责人及小组成员按计划进入指定位置，迅速准备组织人员疏散。

2）广播引导人员疏散。广播包括以下几方面：报告发生火灾或紧急事件的部位，目前灾情的发展状态；提示需疏散人员的区、层，指示疏散路线与方向以及安全区或避难层；联络和指挥小组人员，对被困人员进行鼓励，告知其自救方法或告知消防人员已经着手营救。

3）口头引导疏散

安保组在疏散时要不停用口头引导方法或手牵手的引导方法，组织人员，稳定情绪，如遇到浓烟时安保组应带领人员低身行走或匍匐爬行穿过浓烟区，因为烟雾一般是往高处流动的，有条件可用湿布捂住鼻、嘴，或用短呼吸法，用鼻呼吸，撤出烟区带，进入消防通道。如遇烟火或崩塌，但还能冲得过去的，就应鼓起勇气冲过去，安保组应带领着火层人员冲过去，如果失败，应退居室内（卫生间应是最佳选择），关闭通往火区的门窗，并向门窗浇水延缓火势蔓延，发出求救信号等待救援，永远不能放弃求生的希望，跳楼只是最后的选择。

4）强行疏散

对一些老弱病残、行动不便的人员要扶护疏散，但应注意不可阻碍正常疏散队伍的进行，尽可能使用消防电梯送离。对由于惊慌、拥挤堵塞通道或产生混乱情况时，及时组织人手，果断采用强制手段进行疏散。

5）后勤组应做好以下工作：大楼外围应消除路障，指导一切无关车辆离开现场，劝导过路行人远离现场，维持大楼外围的秩序，为迎接消防队车辆、救护车、警车进入现场灭火和抢救工作创造有利条件；各出口应安排人员，不准无关人员进入大厦，人员只出不进，指导疏散人员离开大楼，保证消防电梯为消防人员专用，指导消防队进入着火层、消防中央控制室，为消防队的灭火工作维持好秩序；接应安置好从楼上疏散出来的人员和物资；积极抢救伤员，对伤员进行护理，并送医院救治。

（5）注意事项

1）突发事件发生时，设备层都必须留有人员坚守岗位（如：消防中心、中央控制室、配电室、水泵房、空调机房等）。

2）不能使用客用电梯疏散人员。

3）不能让逃离火场人员重返火场。

4）使用消防电梯疏散人员时，要有专人操作，约定好联络信号，以便电梯故障时，能采取营救措施。

5）火情发生时，切断电源、气源，使用应急照明，除消防电梯外，其余电梯迫降至1楼。

6）先救人、后救物，先老弱、后青壮，先贵重、后一般。

7）对讲机一律用4频道，代码不变，除非万不得已不要使用对讲机，以保证消防通信使用。

8）地下停车场只疏散人员，不疏散车辆。

课题3 智能安防系统及管理

现代建筑的高层化、大型化以及功能的多样化，向保安系统提出了更新、更高的要求——安全可靠，具有较高的自动化水平及完善的功能。

3.1 安防系统

3.1.1 安防系统的组成

目前，根据防卫工作的性质，智能建筑的保安系统可以分为三部分，如表6-13所示。

智能建筑保安系统组成 表6-13

序号	系统名称	内　涵
1	出入口控制系统	就是对建筑内外正常的出入通道进行管理。该系统可以控制人员的出入，还能控制人员在楼内及其相关区域的行动
2	防盗报警系统	就是用探测装置对建筑内外重要地点和区域进行布防，探测非法侵入，并且在探测到有非法侵入时，及时向有关人员示警
3	闭路电视监视系统	就是在重要的场所安装摄像机，直接监视建筑内外情况，保安人员在控制中心便可以监视整个大楼内外的情况

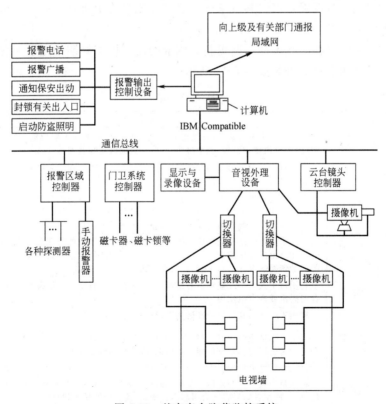

图 6-19　基本安全防范监控系统

出入口控制系统、防盗报警系统和电视监视系统由计算机协调起来共同工作，组成了大厦的保安系统，来完成大厦的保安任务。

一个基本的安全防范监控系统，如图 6-19 所示。

3.1.2 出入口控制系统

（1）出入口控制系统的基本结构

出入口控制系统，也称之为门禁管制系统，其结构如图 6-20 所示。它包括三个层次的设备。底层是直接与人员打交道的设备，有读卡机、电子门锁、出口按钮、报警传感器和报警喇叭等。它们用来接受人员输入的信息，再转换成电信号送到控制器中，同时根据来自控制器的信号完成开锁、闭锁等工作。控制器接收底层设备发来的有关人员的信息，同自己存储的信息相比较以作出判断，然后再发出处理的信息。单个控制器就可以组成一个简单的门禁系统，用来管理一个或几个门。多个控制器通过通信网络同计算机连接起来就组成了整个建筑的门禁系统。计算机装有门禁系统的管理软件，它管理着系统中所有的控制器，向它们发送控制命令，对它们进行设置，接受其发来的信息，完成系统中所有信息的分析与处理。

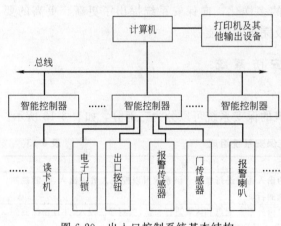

图 6-20　出入口控制系统基本结构

（2）读卡机的种类

随着制作卡片的材料、技术的不断更新，刷卡的读卡机由早期的光学卡发展到最新的生物辨识系统。常用卡片的种类如表 6-14 所示。

卡　片　的　种　类　　　　　　　　　　　　　　表 6-14

序号	种　类		说　明
1	磁码卡		就是我们常说的磁卡，它是把磁性物质贴在塑料卡片上制成的。容易改写，应用方便，但易被消磁、磨损。磁卡价格便宜，是目前使用较普遍的产品
2	条码卡		在塑料片上印上黑白相间的条纹组成条码，这种卡片在出入口系统中已渐渐被淘汰，因为它可以用复印机等设备轻易复制
3	IC 卡	接触式IC 卡	卡片内装有集成电路(IC)，通过卡上触点与读卡设备交换信息。具有保密性好、难以伪造或非法改写等优点，但仍然需要刷卡过程，因而降低了识别速度，且一旦 IC 卡的触点或读卡设备的触点被污物覆盖，就会影响正常的识别
		非接触式 IC 卡	卡片采用电子回路及感应线圈，利用读卡机本身产生的特殊震荡频率，当卡片进入读卡机能量范围时便产生共振，感应电流使电子回路发射信号到读卡机，经读卡机将接受的信号转换成卡片资料，送到控制器对比
4	生物辨识系统	指纹机	利用每个人的指纹差别做对比辨识，是比较复杂且安全性很高的门禁系统；它可以配合密码机或刷卡机使用
		掌纹机	利用人的掌型和掌纹特性做图形对比，类似于指纹机
		视网膜辨识机	利用光学摄像对比，比较每个人的视网膜血管分布的差异，其技术相当复杂；正常人和死亡后的视网膜差异也能检测出来，所以它的保安性能极高
		声音辨识	利用每个人声音的差异以及所说的指令内容不同而加以比较，但由于声音可以被模仿，而且使用者如果感冒会引起声音变化，其安全性易受到影响

（3）出入口控制系统功能

出入口控制系统具有如下功能：

1）设定卡片权限：进出口控制系统可以设定每个读卡机的位置，指定可以接受哪些通行卡的使用，编制每张卡的权限，即每张卡可进入哪道门，什么时候进入，需不需要密码。系统可跟踪任何一张卡，并在读卡机上读到该卡时就发出报警信号。

2）设定每个电动锁的开启时间。

3）能实时收到所有读卡的记录：当读卡进入后，而不读卡出门时（在双向读卡情况下），再使用该卡读卡进入，软件将视为警报，并备有记录。

4）通过设置磁簧开关检测门的状况：在读卡机读到卡后，电动锁将开启，则开锁为正常，若门在设定时间内没有关上，则系统会发出警报信号；在读卡机没有读到卡的情况下或没有接到开门锁信号，磁簧开关检测到门被打开的信号则会发出报警信号。

5）当接到消防报警信号时，系统能自动开启电动锁，保障人员疏散。

（4）出入口控制系统的计算机管理

出入口控制系统最终将由系统计算机来完成所有的管理工作，如何来完成由计算机内的管理软件来决定。一般市场上出售的出入口控制系统本身带有计算机管理软件，成套商也可以根据客户要求，按照控制器提供的接口协议自行编制。

3.1.3 防盗报警系统

（1）防盗报警系统的基本结构

一个有效的电子保安防盗系统由以下四部分组成，如表6-15所示。

电子保安防盗系统的组成 表6-15

序号	组成	说　明
1	探测器	按各种使用目的和防范要求，在报警系统的前端安装一定数量的各种类型探测器，负责监视保护区域现场的任何入侵活动
2	信号传输系统	将探测器所感应到的入侵信息传送至监控中心
3	控制器	负责监视从各种保护区域送来的探测信息，并经终端设备处理后，以声、光形式报警或在报警屏显示、打印
4	报警中心	为实现区域性的防范，把几个需要防范的小区，联网到一个警戒中心，一旦出现警情，可以集中力量打击犯罪分子

（2）防盗报警系统设备

在防盗报警系统中，为了适应不同场所、不同环境、不同地点的探测要求，需要采用不同类型的探测器。根据传感器的原理可分为以下几种类型，如表6-16所示。

（3）工程应用

防盗报警器发展到今天，可谓种类繁多。选择什么样的报警器主要取决于防盗报警系统工作的安全性和可靠性。

所谓安全性是指在警戒状态下报警系统要保证正常的工作，不受或少受外界因素的干扰。

所谓可靠性是指报警系统正常工作时，入侵者无论采用何种方式、何种途径进入预定的防范区域，都应及时报警，而且应减少误报和漏报。

序号	类型	说明
1	开关报警器	是一种可以把防范现场传感器的位置或工作状态的变化转换为控制电路通断的变化,并以此来触发报警电路。由于这类报警器的传感器工作状态类似于电路开关,因此称为"开关报警器"。分为磁控开关型、微动开关型和压力开关型三种
2	玻璃破碎报警器	一般是粘附在玻璃上,利用振动传感器(开关触点形式)在玻璃破碎时产生的 2kHz 特殊频率,感应出报警信号
3	周界报警器	其传感器可以固定安装在围墙或栅栏上及地层下,当入侵者接近或超过周界时产生报警信号。分为泄漏电缆传感器、平行线周界传感器和光纤传感器三种
4	声控报警器	是用微音器做传感器,用来监测入侵者在防范区域内走动或作案活动时发出的声响(如启、闭门窗,拆卸、搬运物品及撬锁时的声响),并将此声响转换为电信号经传输线送入报警主控制器。此类报警电信号即可供值班人员对防范区进行直接监听或录音,也可同时送入报警电路,在现场声响强度达到一定电频时,启动报警装置发出声光报警
5	微波报警器	是利用超高频的无线电波来进行探测的。探测器发出无线电波,同时接收反射波。当有物体在探测区域移动时,反射波的频率与发射波的频率有差异,两者频率差称为多普勒频率。探测器就是根据多普勒频率来判定探测区域中是否有物体移动的。由于微波的辐射可以穿透水泥墙和玻璃,在使用时需考虑安放的位置与方向,通常适合于开放的空间或广场
6	超声波报警器	与微波报警器一样,都是采用多普勒效应的原理实现的,不同的是它们所采用的波长不一样。通常将 20kHz 以上频率的声波称为超声波。超声波探测器由于其采用频率的特点,容易受到震动和气流的影响,在使用时,不要放在松动的物体上,同时也要注意是否有其他超声波源存在,防止干扰
7	红外线报警器	利用红外线能量的辐射及接收技术构成的报警装置,称为红外线报警器。按工作原理上区分,它可分为主动式和被动式两种类型
8	双鉴报警器	即把两种不同探测原理的探头组合起来,进行混合报警

防盗报警系统探测器的类型　　　　　　　　　　　　表 6-16

1)报警器的选择

各种防盗报警器由于工作原理和技术性能的差异,往往仅适用于某种类型的防范场所和防范部位,因此需按适用的防范场所和防范部位的不同对防盗报警器进行分类,如表 6-17 所示。

防盗报警器按防护部位分类　　　　　　　　　　　表 6-17

序号	防护部位	适用报警器的类型
1	门、窗	电视、红外、玻璃破碎、各类开关报警器
2	通道	电视、微波、红外、开关式报警器
3	室内	微波、声控、超声波、红外、双技术
4	周界	微波、红外、周界报警器

2)布防准备工作

在正确地选择了防盗报警器之后,报警系统发生误报的原因则主要是由于布防规划不当所引起的。因此,正确合理的布防规划是使报警系统工作稳定可靠,满足防范要求的重要保证。

现场勘察是布防规划的第一步。报警防范现场可分为室内防范和室外防范。

所谓室内防范即指建筑物内部特定区域或部位(如银行的金库、博物馆的珍宝室等)及特殊目标(如金柜,贵重文物等)的点型、线型、面型、空间型的警戒。

所谓室外防范包括大面积特定范围和独立建筑物的周围警戒。

现场勘察的内容如表 6-18 所示。

现场勘察的内容 表 6-18

序号	勘察部位		调查了解的内容
1	室内现场勘察	建筑物结构	建筑物内部面积、形状、顶板高度、一切可能的入口(门、窗、天窗、通风口、地沟等)
		建筑材料	(砖木、混凝土)门窗的材料、结构、密闭性能、大小尺寸及方向
		环境因素	温度变化,阳光入射方向,附近有否热源,超声源(空调机、空压机、风扇、暖气装置等)及电磁场干扰源
		工作条件及室内布局	是否靠近公路、铁路强震动源;有否窗帘、门帘等易摆动或转动物,室内有否较大的金属物,人工光源的照度及投光方向,室内物品的种类、摆放等
2	室外现场勘察		防范区域的地形、地貌(平地、丘陵、山地、河流、湖泊);防范周界状况(是平地还是丘陵或是山地);植被情况(是否有草、树等植物);气候情况(包括气温、风、雪、雷、雨、雾、冰、雹等)和土质情况;还应注意周围有无小动物及鸟类的活动;有否电磁干扰(广播发射机及各种高频设备)

3) 防盗系统布防模式

根据防范场所、对象及要求的不同,现场布防可分为周界防护、空间防护和复合防护三种模式,如表 6-19 所示。

防盗系统布防模式 表 6-19

序号	模 式	说 明
1	周界防护模式	采用各种探测报警手段对整个防范场所的周界进行封锁,如对大型建筑物,采用室外周界布防,选用主动红外、遮挡式微波、电缆泄漏式微波等报警器
2	空间防护模式	探测器所防范的范围是一个特定的空间,当探测到防范空间内有入侵者的侵入时就发出报警信号
3	复合防护模式	它是在防范区域采用不同类型的探测器进行布防,使用多种探测器或对重点部位作综合性警戒,当防范区内有入侵者进入或活动时,就会引起两个以上的探测器陆续报警

3.1.4 闭路电视监控系统

(1) 闭路电视监控系统组成

电视监视系统由摄像、传输、控制和显示记录四个部分组成,各个部分之间的关系如图 6-21 所示。

摄像部分安装在现场,它包括摄像机、镜头、防护罩、支架、云台等,是整个系统的眼睛,其任务是对被摄体进行摄像并将其转换成电信号。

传输部分的任务是把现场摄像机发出的电信号传送到控制中心,它一般包括线缆、调制与解调设备、线路驱动设备等。

控制部分是整个系统的心脏和大脑,负责所有设备的控制与图像信号的处理。

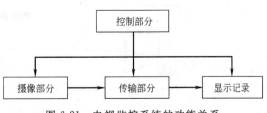

图 6-21 电视监控系统的功能关系

显示记录部分把从现场传来的电信号转换成图像在监视设备上显示，如果有必要，就用录像机录下来，所以它包含的主要设备是监视器和录像机。

电视监控系统的规模可根据监视范围的大小、监视目标的多少来确定，监视系统的大小一般由摄像机的数量来划分，如表 6-20 所示。

电视监视系统类型 表 6-20

序号	系统类型	说　明
1	小型监视系统	一般摄像机数量<10 个
2	中型监视系统	一般摄像机数量在 10~100 个范围内；监控系统可根据管理需要设置若干级管理的控制键盘及相应的监视器
3	大型监视系统	一般摄像机数量>100 个，它是将中型监控系统联网组合而成的，系统设总控制器和分控制器进行监控管理

闭路电视监控系统构成如图 6-22 所示。

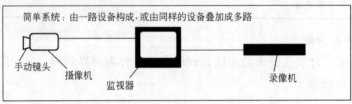

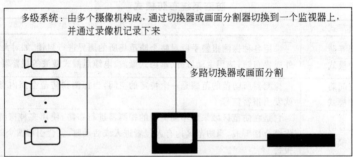

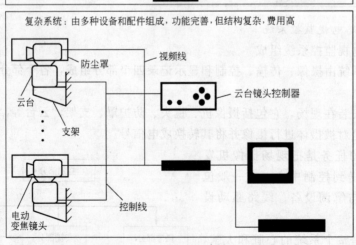

图 6-22　闭路电视监控系统构成

（2）电视监控系统设备

电视监控系统设备组成如表 6-21 所示。

电视监控系统设备组成 表 6-21

序号	设备组成	说　明
1	摄像机	根据摄像机的原理和功能可有如下分类： （1）按性能可分为：普通摄像机、暗光摄像机、微光摄像机、红外摄像机； （2）按功能可分为：视频报警摄像机、广角摄像机、针孔摄像机；按使用环境可分室内摄像机和室外摄像机； （3）按结构组成可分为：固定式摄像机、可旋转式摄像机、球形摄像机、半球形摄像机； （4）按图像颜色可分为：黑白摄像机和彩色摄像机
2	传输电缆	（1）同轴电缆：用于传输短距离的视频信号； （2）光缆：当需要长距离传输视频及控制信号时，采用光缆传输
3	控制设备	（1）视频切换器：具有画面切换输出、固定画面输出等功能； （2）多画面分割控制器：具有顺序切换、画中画、多画面输出显示回放影像、互联的摄像机报警显示、点触式暂停画面、报警记录回放、时间、日期、标题显示等功能； （3）矩阵切换系统：通过编码控制信号和解码器，用一对双绞线实现对所有摄像机的控制
4	其他控制	（1）电动变焦镜头的控制：变焦镜头与电动旋转云台组合可以对相当广阔的范围进行监视，而且还可以对该范围内任意部分进行特写； （2）云台的控制：云台是闭路电视系统中不可缺少的配套设备之一，它与电视摄像机配合使用能达到扩大监视范围的目的； （3）切换设备的控制：切换的控制一般要求和云台、镜头的控制同步，即切换到哪一路图像，就控制那一路的设备

（3）闭路电视监控系统的特点

闭路电视通常采用同轴电缆（或光缆）作为电视信号的传输介质，由于传输过程中不向空间发射信号，故统称闭路电视（CCW）。系统的特点如下：

1）是一种集中型系统，不同于扩散型的广播电视，一般供作监测、控制和管理使用。

2）信息来源于多台摄像机，要求多路信号同时传输、显示。

3）传输的距离相对较短，一般在几十米或几千米有限范围内。

4）一般采用闭路传输，极少采用开路传输方式；1km 以内可用电缆传输，1km 以上最好用光缆传输。

5）除向接收端传输视频信号外，还要向摄像机传送控制信号和电源，因而是一种双向的多路传输系统。

（4）闭路电视监控系统的功能

闭路电视监控系统的主要功能如下：

1）对小区主要出入口、主要通道、周界围墙或栅栏位进行监视；对停车场及其他重要部位进行监视。

2）物业管理中心监视系统应采用多媒体显示技术，由计算机控制、管理和进行图像记录。

3）报警信号与摄像机联动控制，录像机与摄像机联动控制。

4）系统可与周界防越报警系统联动进行图像跟踪及记录，当监控中心接到报警信号时，监控中心监视屏立即弹出与报警相关的摄像机图像信号。

5）视频信号丢失与设备故障报警。

6）监视图像自动/手动切换、云台及镜头的遥控。

7）报警时，报警类别、报警时间、确认时间及相关的信息显示、存储、查询和打印。

3.1.5 显示终端及录像机

（1）显示终端（监视器）

监视器的功能是将传送过来的图像一一显示出来。在电视监控系统中，特别是在由多台摄像机组成的电视监控系统中，一般都是几台摄像机的图像信号用一台监视器轮流切换显示。按功能的不同可分为图像监视器和电视监视器，如表 6-22 所示。

监视器按功能分类 表 6-22

序号	类型	特点
1	图像监视器	（1）视频带宽可达 7～8MHz，水平清晰度达 500～600 线以上； （2）显像管框内的画面在水平和垂直方向的大小可以自由调整，以便于对图像的全部画面进行检查
2	电视监视器	（1）可以作为录像机的监视接收机，将广播电视信号转换为视频信号，在屏幕显示的同时送往录像机进行录像； （2）作为录像机的录像信号重放时的图像显示设备； （3）可以输入摄像机直接传送来的视频信号和音频信号，进行监视和监听，并同时送往记录设备录音、录像

（2）录像机

录像机的工作原理是通过磁头与涂有强磁性材料的磁带之间的作用，把视频和音频信号用磁信息方式记录在磁带上，并可将磁带上的磁信息还原为音视频电信号。

电视监视系统中一般都采用长时间录像机，它除了以标准速度进行记录和重放之外，还具有下述功能：以标准速度记录的图像可以用慢速度或静像方式进行重放；以长时间记录的图像可以用快速或静像方式重放。

3.2 安防管理

3.2.1 安防管理的内容

（1）治安管理工作应做到四坚持

坚持预防为主、防治结合的方针；坚持物业内的治安管理与社会治安工作相结合的原则；坚持服务第一、用户至上的服务宗旨；坚持治安工作硬件与软件一起抓的原则。

（2）治安管理工作的内容

1）贯彻执行国家有关治安管理条例，建立健全各项安全保卫。

2）负责维护管区的治安秩序，预防和查处治安事故，配合公安部门打击违法犯罪活动，搞好安全保卫工作。

3）每天按规定时间巡视辖区安全，并做好记录。

4）下列妨害公共安全和社会治安秩序的行为，都属治安管理之列：

A. 使用音量过大或发出噪音的器材，影响他人正常工作和休息。

B. 从楼上向下扔杂物。

C. 在辖区内公共场所晾衣物，在公共通道堆放杂物以及饲养动物。

D. 擅自撬开他人信箱，隐匿、毁弃或私自拆开他人邮件、电报、信函等。

E. 非法携带、存放枪支弹药，非法储存、使用易爆、易燃、剧毒、放射性等危害物品，非法制造、贩卖、携带匕首、弹簧刀等管制工具。

F. 在辖区内使用气枪进行射击活动。

G. 未经批准擅自安装、使用电网，或改装、破坏正常供电的电网。

H. 非法侵入他人住宅，损毁他人财物。

I. 制造、销售各种赌具或利用住宅聚赌。

J. 利用住宅窝藏各类犯罪分子和嫌疑犯等不良人员。

K. 利用住宅为盗窃分子提供方便。

L. 制造、出售、出租、复制或传播淫秽书画、录像、物品等。

M. 在车辆、行人通过的地方施工，对沟井坝穴不设覆盖物、标志、防围，或故意损毁、移动覆盖物、标志、防围等。

N. 故意损毁邮筒、公用电话等公共设施，故意损坏路灯、电梯、消防栓、电表、水表、公用天线、明暗沟、化粪池等配套设施。

O. 故意损坏园林绿地、停车场、娱乐场等公共场所。

P. 利用住宅进行嫖宿卖淫等活动。

3.2.2 安防组织机构及其职责

（1）安防组织机构

安防机构设置与所管物业的类型、规模有关，常见的安防管理组织机构如图6-23所示。

（2）治安保卫部门各岗位职责

治安保卫部门各岗位职责见表6-23。

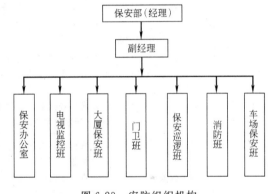

图 6-23 安防组织机构

治安保卫部门各岗位职责 表 6-23

序号	岗 位	职 责
1	保安部经理	(1)确定保安部工作计划,建立健全各项工作制度; (2)主持部门工作例会,组织全体保安开展各项治安保卫工作; (3)组织对较大案件的调查处理工作; (4)组织对各岗位保安员进行考核; (5)完成总经理下达的其他工作
2	保安部 副经理	(1)在保安部经理外出时代行经理职责; (2)参与对保安部员工及公司所有人员的急救措施培训; (3)随时抽查在岗保安主管及保安员,要求其在工作中严格遵守公司的规章与程序; (4)负责检查所有在岗保安员的仪表、仪态和工作态度; (5)负责使保安部与其他部门保持良好的沟通; (6)检查、监督所有事件的书面报告; (7)完成保安部经理布置的其他任务

序号	岗 位	职 责
3	保安办公室	(1)24 小时保持与各保安班的通讯联系,检查各值班岗位人员到岗、值勤情况; (2)接待住户及来访人员的投诉,协调处理各种纠纷和治安违规行为,并做好处理记录; (3)及时检查保安器材的使用性能,做好保养及及时更换的工作,保证能正常使用; (4)出现紧急情况时,用对讲机进行人员统一的指挥调度; (5)做好保安员的出勤统计、工资、奖金、福利发放; (6)做好各种内外文件、信函资料的整理归档
4	电视监控班	(1)24 小时严密监视保安对象的各种情况; (2)发现监视设备故障要立即通知保安加强防范,并立即设法修复; (3)记录当班的监视情况,严格执行交接班制度
5	大厦保安班	(1)严格按着装要求着装,着装整齐,佩戴齐全,准时上岗; (2)值班中不准擅离岗位,不准嬉笑打闹、看书报、吃东西、睡觉,不准听收录机和进行其他与值班无关的事; (3)严密注意进出大厦的人员,严格执行来客登记制度,对身份不明(无任何证件)、形迹可疑、衣冠不整者,保安有权制止进入; (4)对带有危险品进入大厦的人员,保安人员应严格检查并登记,或由保安人员代为保管危险品; (5)值班人员要经常上下楼巡逻,大厦入口处保证 24 小时有人执勤; (6)执勤中要讲文明、讲礼貌,处理问题要讲原则、讲方法,态度和蔼,不急不躁,以理服人; (7)熟悉楼层消防设施的布局、设置,经常检查设施是否完好,有效; (8)调查熟悉大厦内各客户的情况,了解各客户的人员情况和经常交往的社会关系; (9)认真做好执勤记录,严格执行交接班制度; (10)对于带出大厦的大件物品,要与物主单位联系核实,做好物品登记
6	门卫保安班	(1)认真检查出入车辆,指挥车辆按规定线路行驶,确保门前畅通无阻; (2)严格制止闲杂人员、小商贩、推销人员进入辖区; (3)认真履行值班登记制度,详细记录值班中发生、处理的各种情况; (4)坚持执行客户大宗及贵重物品凭证出入制度,确保客户财产安全; (5)积极配合其他班组保安员,做好安全防范工作,把好管区的大门
7	保安巡逻班	(1)实行 24 小时巡视检查,防止不安全事件的发生; (2)对形迹可疑人员进行必要的查询,必要时检查其所带物品; (3)制止辖区内大声喧哗; (4)制止辖区内打架斗殴事件; (5)看管好辖区内的车辆,防止撬车、盗车事件的发生; (6)接到住户报警,要立即去现场处理,同时向办公室汇报; (7)监视所管物业,及时消除火灾及其他事故隐患; (8)回答他人的咨询,必要时为其作向导; (9)协助住户解决遇到的其他困难
8	消防监控班	(1)按时上下班,值班时不得擅离岗位; (2)严格按规定时间、范围,集中精力严密观察,对可疑情况做好记录并录像; (3)对报案及发现刑事案件、治安案件、火灾、事故等应迅速按照程序上报处理; (4)在当班时严守工作纪律,监控室内禁止无关人员入内; (5)监控室监控范围和摄像头的开关时间均属保密,严禁泄密,不准向无关的人员介绍

序号	岗 位	职 责
9	车辆保安班	（1）负责车辆调度、指挥； （2）督促检查车场和道路卫生； （3）制止交通隐患事故的发生； （4）提醒司机锁好车辆，不留贵重物品； （5）观察车况，记录车辆损坏情况并请司机认可； （6）协助门卫控制进出人员和货物情况； （7）疏导送餐、送货物、建材等物品自货梯进出大厦； （8）认真做好出入口车场收费工作

3.2.3 治安管理中常见问题的处理

（1）对打架斗殴、流氓滋扰的防范和打击预案

1）报警：一旦发现打架斗殴、流氓滋扰事件，在场员工要及时报告保安部，并通知最近的保安员控制事态。

2）保安员接到报告后要立即赶到出事现场，将殴斗双方或肇事者带到保安部办公室处理。

3）保卫人员在现场检查有无遗留物，查清现场是否损坏以及损坏程度、数量。

4）如事态严重有伤害事故发生，保安部应及时与公安机关联系。

5）在将斗殴者带往保安部途中，要提高警惕，注意双方身上有无凶器。

6）如殴斗双方有受伤人员应与医院联系，请医生进行紧急处理。

（2）对精神病、闹事人员的防范预案

1）首先制服来人，以免事态扩大。

2）迅速将来人带入办公室或无客人区域。

3）查明来人身份、目的、工作单位和住址。

4）通知保安部经理将其送交公安机关。

5）尽量在不惊扰客人的情况下采取一切可能的手段，迅速做好处理工作。

（3）对抢劫、暗杀、凶杀、枪杀等暴力事件的处理预案

1）打电话报告保安部或总机。

2）保安部人员迅速到现场，确认后做好保护现场工作，通知公司有关领导立即赶到现场。

3）根据案情，由保安部立即报告机关。

4）携带必要的器材，如电警具、对讲机、记录本、手电等。

5）布置警力保持现场，划定警线，控制人员进入，维持现场秩序。

6）向当事人、报案人、知情者了解案情并记录。

7）对现场进行拍照。

8）协助抢救伤员。

9）配合公安人员勘查现场。

10）如发现罪犯正在行凶或准备逃跑，立即抓获并派专人看守，待公安人员来后，交公安人员处理。

11）如有人质被绑架、扣押案件发生，应立即报告公安机关，控制事态发展，采取必要措施。

12）做好善后工作。

（4）贩卖毒品、吸毒的防范和打击预案

1）一旦发现贩毒、吸毒嫌疑人，在场服务员要及时报保安部，并通知最近的警卫。

2）保安部接到报警后，由当班主管带领人员赶赴现场，采取措施。

3）注意在现场发现贩毒、吸毒证据，查清物业设施是否遭到损坏以及损坏程度、数量。

4）如有贩毒、吸毒事件发生，一律交公安机关处理。

5）在抓获贩毒、吸毒嫌疑人时，要提高警惕，注意嫌疑人身上有无凶器。

（5）发生失窃案件的处理

1）保安部接到报案后，内保员或值班经理（夜间）应迅速到报案现场。

2）携带好访问笔录纸、照相机、手电、手套等所需用品。

3）认真听取失主对丢失财物和过程的说明。

4）及时通知有关部门公司领导，并留下与丢失案件中有关的人员。

5）客人明确要求向公安机关报案或丢失财物价值较大，保安部应立即报告公安机关，并保护好现场。

6）注意现场犯罪分子遗留或抛弃物品的提取，以备技术鉴定之用。

7）如需提取客人物品做鉴定，必须征得客人同意。

8）找案件涉及人员谈话，调查了解案件发生的情况，摸排出重点人员。

9）对排出的重点人员要尽快取证，做到情节清楚，准确无误。

3.2.4 安防设备管理

（1）安防设备管理的内容

安防设备的管理主要是对安防设备的保养和维护，它需要专门的技术人员，特别是一些关键设备，一般应请政府认可的专业公司。作为管理公司，一般应做到：

1）了解各种安防设备的使用方法，制定大厦的安全防范制度；

2）禁止擅自更改安防设备；

3）定期检查设备的完好情况，对使用不当等应及时改正；

4）检查电器、电线、燃气管道等有无霉坏、锈坏、氧化、溶化、堵塞等情况，防止短路或爆炸引起火灾；

5）提高管理人员的安全与保密意识。

建筑物安防设备的管理主要包括：防盗报警探测器的检查、摄像机摄像头的检查、门磁开关的检查、报警按钮的检查、闭路电视监视器的检查等等。

（2）安防设备的日常维护与保养制度

对一些常用安防设备的保养和维护，应建立健全管理制度，如表6-24所示。

常用安防设备的保养和维护 表6-24

序号	安防设备	管 理 制 度
1	对讲机	（1）对讲机是保安人员执行任务的工具和武器，属公司的公共财产，每个保安员都有责任、有义务保管好，以防遗失或损坏； （2）对讲机只供保安人员执勤时使用，严禁用作其他用途； （3）对讲机严禁转借他人，严禁个人携带外出，如确有需要，需报主管领导批准； （4）对讲机使用应严格按规定频率正确操作，严禁保安员私自乱拆、乱拧、乱调其他频率，违者将按有关规定处理； （5）保安员交接班时，应做好对讲机交接验收工作，以免出现问题时互相推脱责任； （6）对讲机不用时，应由班长收回，统一交治安办公室保管充电

序号	安防设备	管 理 制 度
2	电视监控	(1)24小时严密监视大厦监视区域的各种情况,发现可疑或不安全迹象,及时通知值班保安就地处置,并及时通过对讲机向治安办公室报告,且随时汇报现场情况,直到问题处理完毕; (2)发现监视设备故障要立即通知值班保安员加强防范,并立即设法修复; (3)要记录当班的监视情况,严格执行交接班制度; (4)做好交接班手续,无遗漏、无差错,监视设施无损坏、无丢失,登记内容清楚、准确、及时,如实记录和反映情况; (5)保持监控室内卫生整洁,严禁无关人员进入工作室; (6)值班时精神集中,不准擅离岗位; (7)坚守岗位,保持高度的警惕性,发现可疑情况,严密监视,同时通知该区域保安或报告上级,密切配合,确保安全
3	门禁系统	(1)要了解门禁系统的基本工作原理、性能和常规的维护保养工作,熟练掌握该系统操作过程; (2)要定期对服务器进行检测,监视系统有无故障发生,如有故障发生,要及时通知厂家排除故障,确保系统能够运作正常; (3)要能够清楚装有门禁系统门的位置; (4)只有在接到主管部门的通知后,才能为新增员工做好门卡,如果要大量制作门卡,应及时和厂家联系购买,并且组织安排厂商派人过来给需要制卡员工拍照; (5)消防通道的门在平时从星期一的7:30~18:30到星期五的7:30~18:30是开着的,星期六、日和节假日一般都是关着的,在没有接到通知时,不可以随便更改消防通道的开关时间; (6)在接到上级公司人事部、人力资源部的《工作卡变动申请表》或《制作工作卡申请表》后,才可以按照表中提出的要求设置系统资料;如果没有收到申请表,则无权更改系统任何资料; (7)做好门禁系统的安全保密工作,不能随便泄露门禁系统的超级用户,以防被更改门禁系统里面的设置; (8)遇到门开关不了或者门卡开关不了门时,要能够及时找出故障,及时通知有关部门排除故障
4	安防自动化系统设备	(1)检查调整现有设备的控制范围及设备功能; (2)清洁监视器、录像机、主机、适配器、扩展器、云台控制器等监控设备; (3)检查云台转动、镜头伸缩是否灵活,检查所有接线是否松动

实 训 课 题

某物业公司拟承担某商厦物业管理,该商厦1~3层为商场,4~10层为写字楼,11~14层为宾馆,15层为娱乐设施。请完成下列操作:

1. 设计消防应急及应急疏散方案。
2. 设计一套安防系统方案。

思 考 题 与 习 题

1. **解释名词**:火灾感温探测器　火灾感烟探测器　火灾感光探测器　火灾报警控制器　指

纹辨识。

    2. 自动抄表系统功能要求有哪些?

    3. 简述一种远程抄表系统的工作原理。

    4. 试比较消火栓系统与喷水灭火系统。

    5. 治安管理的内容有哪些?

    6. 参观某智能大厦并对其安防系统进行论述。

物业管理条例

(中华人民共和国国务院令 2003 年第 379 号)

第一章 总 则

第一条 为了规范物业管理活动，维护业主和物业管理企业的合法权益，改善人民群众的生活和工作环境，制定本条例。

第二条 本条例所称物业管理，是指业主通过选聘物业管理企业，由业主和物业管理企业按照物业服务合同约定，对房屋及配套的设施设备和相关场地进行维修、养护、管理，维护相关区域内的环境卫生和秩序的活动。

第三条 国家提倡业主通过公开、公平、公正的市场竞争机制选择物业管理企业。

第四条 国家鼓励物业管理采用新技术、新方法，依靠科技进步提高管理和服务水平。

第五条 国务院建设行政主管部门负责全国物业管理活动的监督管理工作。

县级以上地方人民政府房地产行政主管部门负责本行政区域内物业管理活动的监督管理工作。

第二章 业主及业主大会

第六条 房屋的所有权人为业主。

业主在物业管理活动中，享有下列权利：

（一）按照物业服务合同的约定，接受物业管理企业提供的服务；

（二）提议召开业主大会会议，并就物业管理的有关事项提出建议；

（三）提出制定和修改业主公约、业主大会议事规则的建议；

（四）参加业主大会会议，行使投票权；

（五）选举业主委员会委员，并享有被选举权；

（六）监督业主委员会的工作；

（七）监督物业管理企业履行物业服务合同；

（八）对物业共用部位、共用设施设备和相关场地使用情况享有知情权和监督权；

（九）监督物业共用部位、共用设施设备专项维修资金（以下简称专项维修资金）的管理和使用；

（十）法律、法规规定的其他权利。

第七条 业主在物业管理活动中，履行下列义务：

（一）遵守业主公约、业主大会议事规则；

（二）遵守物业管理区域内物业共用部位和共用设施设备的使用、公共秩序和环境卫生的维护等方面的规章制度；

（三）执行业主大会的决定和业主大会授权业主委员会作出的决定；

（四）按照国家有关规定交纳专项维修资金；

（五）按时交纳物业服务费用；

（六）法律、法规规定的其他义务。

第八条 物业管理区域内全体业主组成业主大会。

业主大会应当代表和维护物业管理区域内全体业主在物业管理活动中的合法权益。

第九条 一个物业管理区域成立一个业主大会。

物业管理区域的划分应当考虑物业的共用设施设备、建筑物规模、社区建设等因素。具体办法由省、自治区、直辖市制定。

第十条 同一个物业管理区域内的业主，应当在物业所在地的区、县人民政府房地产行政主管部门的指导下成立业主大会，并选举产生业主委员会。但是，只有一个业主的，或者业主人数较少且经全体业主一致同意，决定不成立业主大会的，由业主共同履行业主大会、业主委员会职责。

业主在首次业主大会会议上的投票权，根据业主拥有物业的建筑面积、住宅套数等因素确定。具体办法由省、自治区、直辖市制定。

第十一条 业主大会履行下列职责：

（一）制定、修改业主公约和业主大会议事规则；

（二）选举、更换业主委员会委员，监督业主委员会的工作；

（三）选聘、解聘物业管理企业；

（四）决定专项维修资金使用、续筹方案，并监督实施；

（五）制定、修改物业管理区域内物业共用部位和共用设施设备的使用、公共秩序和环境卫生的维护等方面的规章制度；

（六）法律、法规或者业主大会议事规则规定的其他有关物业管理的职责。

第十二条 业主大会会议可以采用集体讨论的形式，也可以采用书面征求意见的形式；但应当有物业管理区域内持有 1/2 以上投票权的业主参加。

业主可以委托代理人参加业主大会会议。

业主大会作出决定，必须经与会业主所持投票权 1/2 以上通过。业主大会作出制定和修改业主公约、业主大会议事规则，选聘和解聘物业管理企业，专项维修资金使用和续筹方案的决定，必须经物业管理区域内全体业主所持投票权 2/3 以上通过。

业主大会的决定对物业管理区域内的全体业主具有约束力。

第十三条 业主大会会议分为定期会议和临时会议。

业主大会定期会议应当按照业主大会议事规则的规定召开。经 20％以上的业主提议，业主委员会应当组织召开业主大会临时会议。

第十四条 召开业主大会会议，应当于会议召开 15 日以前通知全体业主。

住宅小区的业主大会会议，应当同时告知相关的居民委员会。

业主委员会应当做好业主大会会议记录。

第十五条 业主委员会是业主大会的执行机构，履行下列职责：

（一）召集业主大会会议，报告物业管理的实施情况；

（二）代表业主与业主大会选聘的物业管理企业签订物业服务合同；

（三）及时了解业主、物业使用人的意见和建议，监督和协助物业管理企业履行物业服务合同；

（四）监督业主公约的实施；

（五）业主大会赋予的其他职责。

第十六条 业主委员会应当自选举产生之日起 30 日内，向物业所在地的区、县人民政府房地产行政主管部门备案。

业主委员会委员应当由热心公益事业、责任心强、具有一定组织能力的业主担任。

业主委员会主任、副主任在业主委员会委员中推选产生。

第十七条 业主公约应当对有关物业的使用、维护、管理，业主的共同利益，业主应当履行的义务，违反公约应当承担的责任等事项依法作出约定。

业主公约对全体业主具有约束力。

第十八条 业主大会议事规则应当就业主大会的议事方式、表决程序、业主投票权确定办法、业主委员会的组成和委员任期等事项作出约定。

第十九条 业主大会、业主委员会应当依法履行职责，不得作出与物业管理无关的决定，不得从事与物业管理无关的活动。

业主大会、业主委员会作出的决定违反法律、法规的，物业所在地的区、县人民政府房地产行政主管部门，应当责令限期改正或者撤销其决定，并通告全体业主。

第二十条 业主大会、业主委员会应当配合公安机关，与居民委员会相互协作，共同做好维护物业管理区域内的社会治安等相关工作。

在物业管理区域内，业主大会、业主委员会应当积极配合相关居民委员会依法履行自治管理职责，支持居民委员会开展工作，并接受其指导和监督。

住宅小区的业主大会、业主委员会作出的决定，应当告知相关的居民委员会，并认真听取居民委员会的建议。

第三章 前期物业管理

第二十一条 在业主、业主大会选聘物业管理企业之前，建设单位选聘物业管理企业的，应当签订书面的前期物业服务合同。

第二十二条 建设单位应当在销售物业之前，制定业主临时公约，对有关物业的使用、维护、管理，业主的共同利益，业主应当履行的义务，违反公约应当承担的责任等事项依法作出约定。

建设单位制定的业主临时公约，不得侵害物业买受人的合法权益。

第二十三条 建设单位应当在物业销售前将业主临时公约向物业买受人明示，并予以说明。

物业买受人在与建设单位签订物业买卖合同时，应当对遵守业主临时公约予以书面承诺。

第二十四条 国家提倡建设单位按照房地产开发与物业管理相分离的原则，通过招投标的方式选聘具有相应资质的物业管理企业。

住宅物业的建设单位，应当通过招投标的方式选聘具有相应资质的物业管理企业；投标人少于 3 个或者住宅规模较小的，经物业所在地的区、县人民政府房地产行政主管部门批准，可以采用协议方式选聘具有相应资质的物业管理企业。

第二十五条 建设单位与物业买受人签订的买卖合同应当包含前期物业服务合同约定的内容。

第二十六条 前期物业服务合同可以约定期限；但是，期限未满、业主委员会与物业管理企业签订的物业服务合同生效的，前期物业服务合同终止。

第二十七条 业主依法享有的物业共用部位、共用设施设备的所有权或者使用权，建设单位不得擅自处分。

第二十八条　物业管理企业承接物业时，应当对物业共用部位、共用设施设备进行查验。

第二十九条　在办理物业承接验收手续时，建设单位应当向物业管理企业移交下列资料：

（一）竣工总平面图，单体建筑、结构、设备竣工图，配套设施、地下管网工程竣工图等竣工验收资料；

（二）设施设备的安装、使用和维护保养等技术资料；

（三）物业质量保修文件和物业使用说明文件；

（四）物业管理所必需的其他资料。

物业管理企业应当在前期物业服务合同终止时将上述资料移交给业主委员会。

第三十条　建设单位应当按照规定在物业管理区域内配置必要的物业管理用房。

第三十一条　建设单位应当按照国家规定的保修期限和保修范围，承担物业的保修责任。

第四章　物业管理服务

第三十二条　从事物业管理活动的企业应当具有独立的法人资格。

国家对从事物业管理活动的企业实行资质管理制度。具体办法由国务院建设行政主管部门制定。

第三十三条　从事物业管理的人员应当按照国家有关规定，取得职业资格证书。

第三十四条　一个物业管理区域由一个物业管理企业实施物业管理。

第三十五条　业主委员会应当与业主大会选聘的物业管理企业订立书面的物业服务合同。

物业服务合同应当对物业管理事项、服务质量、服务费用、双方的权利义务、专项维修资金的管理与使用、物业管理用房、合同期限、违约责任等内容进行约定。

第三十六条　物业管理企业应当按照物业服务合同的约定，提供相应的服务。

物业管理企业未能履行物业服务合同的约定，导致业主人身、财产安全受到损害的，应当依法承担相应的法律责任。

第三十七条　物业管理企业承接物业时，应当与业主委员会办理物业验收手续。

业主委员会应当向物业管理企业移交本条例第二十九条第一款规定的资料。

第三十八条　物业管理用房的所有权依法属于业主。未经业主大会同意，物业管理企业不得改变物业管理用房的用途。

第三十九条　物业服务合同终止时，物业管理企业应当将物业管理用房和本条例第二十九条第一款规定的资料交还给业主委员会。

物业服务合同终止时，业主大会选聘了新的物业管理企业的，物业管理企业之间应当做好交接工作。

第四十条　物业管理企业可以将物业管理区域内的专项服务业务委托给专业性服务企业，但不得将该区域内的全部物业管理一并委托给他人。

第四十一条　物业服务收费应当遵循合理、公开以及费用与服务水平相适应的原则，区别不同物业的性质和特点，由业主和物业管理企业按照国务院价格主管部门会同国务院建设行政主管部门制定的物业服务收费办法，在物业服务合同中约定。

第四十二条　业主应当根据物业服务合同的约定交纳物业服务费用。业主与物业使用人约定由物业使用人交纳物业服务费用的，从其约定，业主负连带交纳责任。

已竣工但尚未出售或者尚未交给物业买受人的物业，物业服务费用由建设单位交纳。

第四十三条　县级以上人民政府价格主管部门会同同级房地产行政主管部门，应当加强对物业服务收费的监督。

第四十四条　物业管理企业可以根据业主的委托提供物业服务合同约定以外的服务项目，服务报酬由双方约定。

第四十五条　物业管理区域内，供水、供电、供气、供热、通讯、有线电视等单位应当向最终用户收取有关费用。

物业管理企业接受委托代收前款费用的，不得向业主收取手续费等额外费用。

第四十六条　对物业管理区域内违反有关治安、环保、物业装饰装修和使用等方面法律、法规规定的行为，物业管理企业应当制止，并及时向有关行政管理部门报告。

有关行政管理部门在接到物业管理企业的报告后，应当依法对违法行为予以制止或者依法处理。

第四十七条　物业管理企业应当协助做好物业管理区域内的安全防范工作。发生安全事故时，物业管理企业在采取应急措施的同时，应当及时向有关行政管理部门报告，协助做好救助工作。

物业管理企业雇请保安人员的，应当遵守国家有关规定。保安人员在维护物业管理区域内的公共秩序时，应当履行职责，不得侵害公民的合法权益。

第四十八条　物业使用人在物业管理活动中的权利义务由业主和物业使用人约定，但不得违反法律、法规和业主公约的有关规定。

物业使用人违反本条例和业主公约的规定，有关业主应当承担连带责任。

第四十九条　县级以上地方人民政府房地产行政主管部门应当及时处理业主、业主委员会、物业使用人和物业管理企业在物业管理活动中的投诉。

第五章　物业的使用与维护

第五十条　物业管理区域内按照规划建设的公共建筑和共用设施，不得改变用途。

业主依法确需改变公共建筑和共用设施用途的，应当在依法办理有关手续后告知物业管理企业；物业管理企业确需改变公共建筑和共用设施用途的，应当提请业主大会讨论决定同意后，由业主依法办理有关手续。

第五十一条　业主、物业管理企业不得擅自占用、挖掘物业管理区域内的道路、场地，损害业主的共同利益。

因维修物业或者公共利益，业主确需临时占用、挖掘道路、场地的，应当征得业主委员会和物业管理企业的同意；物业管理企业确需临时占用、挖掘道路、场地的，应当征得业主委员会的同意。

业主、物业管理企业应当将临时占用、挖掘的道路、场地，在约定期限内恢复原状。

第五十二条　供水、供电、供气、供热、通讯、有线电视等单位，应当依法承担物业管理区域内相关管线和设施设备维修、养护的责任。

前款规定的单位因维修、养护等需要，临时占用、挖掘道路、场地的，应当及时恢复原状。

第五十三条　业主需要装饰装修房屋的，应当事先告知物业管理企业。

物业管理企业应当将房屋装饰装修中的禁止行为和注意事项告知业主。

第五十四条　住宅物业、住宅小区内的非住宅物业或者与单幢住宅楼结构相连的非住宅物业的业主，应当按照国家有关规定交纳专项维修资金。

专项维修资金属业主所有，专项用于物业保修期满后物业共用部位、共用设施设备的维修和更新、改造，不得挪作他用。

专项维修资金收取、使用、管理的办法由国务院建设行政主管部门会同国务院财政部门制定。

第五十五条　利用物业共用部位、共用设施设备进行经营的，应当在征得相关业主、业主大会、物业管理企业的同意后，按照规定办理有关手续。业主所得收益应当主要用于补充专项维修资金，也可以按照业主大会的决定使用。

第五十六条　物业存在安全隐患，危及公共利益及他人合法权益时，责任人应当及时维修养护，有关业主应当给予配合。

责任人不履行维修养护义务的，经业主大会同意，可以由物业管理企业维修养护，费用由责任人承担。

第六章　法律责任

第五十七条　违反本条例的规定，住宅物业的建设单位未通过招投标的方式选聘物业管理企业或者未经批准，擅自采用协议方式选聘物业管理企业的，由县级以上地方人民政府房地产行政主管部门责令限期改正，给予警告，可以并处10万元以下的罚款。

第五十八条　违反本条例的规定，建设单位擅自处分属于业主的物业共用部位、共用设施设备的所有权或者使用权的，由县级以上地方人民政府房地产行政主管部门处5万元以上20万元以下的罚款；给业主造成损失的，依法承担赔偿责任。

第五十九条　违反本条例的规定，不移交有关资料的，由县级以上地方人民政府房地产行政主管部门责令限期改正；逾期仍不移交有关资料的，对建设单位、物业管理企业予以通报，处1万元以上10万元以下的罚款。

第六十条　违反本条例的规定，未取得资质证书从事物业管理的，由县级以上地方人民政府房地产行政主管部门没收违法所得，并处5万元以上20万元以下的罚款；给业主造成损失的，依法承担赔偿责任。

以欺骗手段取得资质证书的，依照本条第一款规定处罚，并由颁发资质证书的部门吊销资质证书。

第六十一条　违反本条例的规定，物业管理企业聘用未取得物业管理职业资格证书的人员从事物业管理活动的，由县级以上地方人民政府房地产行政主管部门责令停止违法行为，处5万元以上20万元以下的罚款；给业主造成损失的，依法承担赔偿责任。

第六十二条　违反本条例的规定，物业管理企业将一个物业管理区域内的全部物业管理一并委托给他人的，由县级以上地方人民政府房地产行政主管部门责令限期改正，处委托合同价款30%以上50%以下的罚款；情节严重的，由颁发资质证书的部门吊销资质证书。委托所得收益，用于物业管理区域内物业共用部位、共用设施设备的维修、养护，剩余部分按照业主大会的决定使用；给业主造成损失的，依法承担赔偿责任。

第六十三条　违反本条例的规定，挪用专项维修资金的，由县级以上地方人民政府房地产行政主管部门追回挪用的专项维修资金，给予警告，没收违法所得，可以并处挪用数额2倍以下的罚款；物业管理企业挪用专项维修资金，情节严重的，并由颁发资质证书的部门吊销资质证书；构成犯罪的，依法追究直接负责的主管人员和其他直接责任人员的刑事责任。

第六十四条 违反本条例的规定，建设单位在物业管理区域内不按照规定配置必要的物业管理用房的，由县级以上地方人民政府房地产行政主管部门责令限期改正，给予警告，没收违法所得，并处10万元以上50万元以下的罚款。

第六十五条 违反本条例的规定，未经业主大会同意，物业管理企业擅自改变物业管理用房的用途的，由县级以上地方人民政府房地产行政主管部门责令限期改正，给予警告，并处1万元以上10万元以下的罚款；有收益的，所得收益用于物业管理区域内物业共用部位、共用设施设备的维修、养护，剩余部分按照业主大会的决定使用。

第六十六条 违反本条例的规定，有下列行为之一的，由县级以上地方人民政府房地产行政主管部门责令限期改正，给予警告，并按照本条第二款的规定处以罚款；所得收益，用于物业管理区域内物业共用部位、共用设施设备的维修、养护，剩余部分按照业主大会的决定使用：

（一）擅自改变物业管理区域内按照规划建设的公共建筑和共用设施用途的；

（二）擅自占用、挖掘物业管理区域内道路、场地，损害业主共同利益的；

（三）擅自利用物业共用部位、共用设施设备进行经营的。

个人有前款规定行为之一的，处1000元以上1万元以下的罚款；单位有前款规定行为之一的，处5万元以上20万元以下的罚款。

第六十七条 违反物业服务合同约定，业主逾期不交纳物业服务费用的，业主委员会应当督促其限期交纳；逾期仍不交纳的，物业管理企业可以向人民法院起诉。

第六十八条 业主以业主大会或者业主委员会的名义，从事违反法律、法规的活动，构成犯罪的，依法追究刑事责任；尚不构成犯罪的，依法给予治安管理处罚。

第六十九条 违反本条例的规定，国务院建设行政主管部门、县级以上地方人民政府房地产行政主管部门或者其他有关行政管理部门的工作人员利用职务上的便利，收受他人财物或者其他好处，不依法履行监督管理职责，或者发现违法行为不予查处，构成犯罪的，依法追究刑事责任；尚不构成犯罪的，依法给予行政处分。

第七章 附 则

第七十条 本条例自2003年9月1日起施行。

物业服务收费管理办法

第一条 为规范物业服务收费行为，保障业主和物业管理企业的合法权益，根据《中华人民共和国价格法》和《物业管理条例》，制定本办法。

第二条 本办法所称物业服务收费，是指物业管理企业按照物业服务合同的约定，对房屋及配套的设施设备和相关场地进行维修、养护、管理，维护相关区域内的环境卫生和秩序，向业主所收取的费用。

第三条 国家提倡业主通过公开、公平、公正的市场竞争机制选择物业管理企业；鼓励物业管理企业开展正当的价格竞争，禁止价格欺诈，促进物业服务收费通过市场竞争形成。

第四条 国务院价格主管部门会同国务院建设行政主管部门负责全国物业服务收费的监督管理工作。

县级以上地方人民政府价格主管部门会同同级房地产行政主管部门负责本行政区域内物业服务收费的监督管理工作。

第五条 物业服务收费应当遵循合理、公开以及费用与服务水平相适应的原则。

第六条 物业服务收费应当区分不同物业的性质和特点分别实行政府指导价和市场调节价。具体定价形式由省、自治区、直辖市人民政府价格主管部门会同房地产行政主管部门确定。

第七条 物业服务收费实行政府指导价的，有定价权限的人民政府价格主管部门应当会同房地产行政主管部门根据物业管理服务等级标准等因素，制定相应的基准价及其浮动幅度，并定期公布。具体收费标准由业主与物业管理企业根据规定的基准价和浮动幅度在物业服务合同中约定。

实行市场调节价的物业服务收费，由业主与物业管理企业在物业服务合同中约定。

第八条 物业管理企业应当按照政府价格主管部门的规定实行明码标价，在物业管理区域内的显著位置，将服务内容、服务标准以及收费项目、收费标准等有关情况进行公示。

第九条 业主与物业管理企业可以采取包干制或者酬金制等形式约定物业服务费用。

包干制是指由业主向物业管理企业支付固定物业服务费用，盈余或者亏损均由物业管理企业享有或者承担的物业服务计费方式。

酬金制是指在预收的物业服务资金中按约定比例或者约定数额提取酬金支付给物业管理企业，其余全部用于物业服务合同约定的支出，结余或者不足均由业主享有或者承担的物业服务计费方式。

第十条 建设单位与物业买受人签订的买卖合同，应当约定物业管理服务内容、服务标准、收费标准、计费方式及计费起始时间等内容，涉及物业买受人共同利益的约定应当一致。

第十一条 实行物业服务费用包干制的，物业服务费用的构成包括物业服务成本、法定税费和物业管理企业的利润。

实行物业服务费用酬金制的，预收的物业服务资金包括物业服务支出和物业管理企业的酬金。

物业服务成本或者物业服务支出构成一般包括以下部分：

1. 管理服务人员的工资、社会保险和按规定提取的福利费等；

2. 物业共用部位、共用设施设备的日常运行、维护费用；

3. 物业管理区域清洁卫生费用；

4. 物业管理区域绿化养护费用；

5. 物业管理区域秩序维护费用；

6. 办公费用；

7. 物业管理企业固定资产折旧；

8. 物业共用部位、共用设施设备及公众责任保险费用；

9. 经业主同意的其他费用；

10. 物业共用部位、共用设施设备的大修、中修和更新、改造费用，应当通过专项维修资金予以列支，不得计入物业服务支出或者物业服务成本。

第十二条 实行物业服务费用酬金制的，预收的物业服务支出属于代管性质，为所交纳的业主所有，物业管理企业不得将其用于物业服务合同约定以外的支出。

物业管理企业应当向业主大会或者全体业主公布物业服务资金年度预决算并每年不少于一次公布物业服务资金的收支情况。

业主或者业主大会对公布的物业服务资金年度预决算和物业服务资金的收支情况提出质询时，物业管理企业应当及时答复。

第十三条 物业服务收费采取酬金制方式，物业管理企业或者业主大会可以按照物业服务合同约定聘请专业机构对物业服务资金年度预决算和物业服务资金的收支情况进行审计。

第十四条 物业管理企业在物业服务中应当遵守国家的价格法律法规，严格履行物业服务合同，为业主提供质价相符的服务。

第十五条 业主应当按照物业服务合同的约定按时足额交纳物业服务费用或者物业服务资金。业主违反物业服务合同约定逾期不交纳服务费用或者物业服务资金的，业主委员会应当督促其限期交纳；逾期仍不交纳的，物业管理企业可以依法追缴。

业主与物业使用人约定由物业使用人交纳物业服务费用或者物业服务资金的，从其约定，业主负连带交纳责任。

物业发生产权转移时，业主或者物业使用人应当结清物业服务费用或者物业服务资金。

第十六条 纳入物业管理范围的已竣工但尚未出售，或者因开发建设单位原因未按时交给物业买受人的物业，物业服务费用或者物业服务资金由开发建设单位全额交纳。

第十七条 物业管理区域内，供水、供电、供气、供热、通讯、有线电视等单位应当向最终用户收取有关费用。物业管理企业接受委托代收上述费用的，可向委托单位收取手续费，不得向业主收取手续费等额外费用。

第十八条 利用物业共用部位、共用设施设备进行经营的，应当在征得相关业主、业主大会、物业管理企业的同意后，按照规定办理有关手续。业主所得收益应当主要用于补充专项维修资金，也可以按照业主大会的决定使用。

第十九条 物业管理企业已接受委托实施物业服务并相应收取服务费用的，其他部门和单位不得重复收取性质和内容相同的费用。

第二十条 物业管理企业根据业主的委托提供物业服务合同约定以外的服务，服务收费由双方约定。

第二十一条 政府价格主管部门会同房地产行政主管部门，应当加强对物业管理企业的服务内容、标准和收费项目、标准的监督。物业管理企业违反价格法律、法规和规定，由政府价格主管部门依据《中华人民共和国价格法》和《价格违法行为行政处罚规定》予以处罚。

第二十二条 各省、自治区、直辖市人民政府价格主管部门、房地产行政主管部门可以依据本办法制定具体实施办法，并报国家发展和改革委员会、建设部备案。

第二十三条 本办法由国家发展和改革委员会会同建设部负责解释。

第二十四条 本办法自 2004 年 1 月 1 日起执行，原国家计委、建设部印发的《城市住宅小区物业管理服务收费暂行办法》（计价费〔1996〕266 号）同时废止。

主要参考文献

1. 罗忠科主编. 物业管理知识手册. 太原：山西科学技术出版社，2005
2. 张旭辉，罗忠科主编. 房地产市场营销. 北京：中国建筑工业出版社，2005
3. 沈瑞珠，杨连武编著. 物业智能化管理. 上海：同济大学出版社，2004
4. 马鸿雁，李惠升编著. 智能住宅小区. 北京：机械工业出版社，2003
5. 张旭辉，李文静主编. 公共关系基础. 北京：中国建筑工业出版社，2004
6. 劳动和社会保障部组织编写. 物业管理基础. 北京：中央广播大学出版社，2004